Fritz Pawelzik
Morgengrauen in Chicago

»So kam der Dezembermorgen heran, von dem ich berichten möchte. Morgens um vier musste ich aus dem Bett. In die eiskalte Badewanne, damit ich überhaupt wach wurde. Die Kinder husteten und schliefen unruhig. Einer von den Dreien war immer erkältet.

Wir wohnten in einem Studentenwohnheim auf drei Zimmern. Karin und ich schliefen im Wohnzimmer. Die Heizung war echt kapitalistisch. Die gab nur Wärme von sich, wenn ich einen Dollar in den Schlitz steckte. Wegen unserer fatalen finanziellen Situation warf ich nur dann etwas ein, wenn es eiskalt in der Wohnung war.

Ich ging zu meinem Schreibtisch. Doch anstatt mit dem Arbeiten anzufangen, malte ich Kringel aufs Papier. Als ich den Sullivan anhob, lag da das Losungsbüchlein. Ohne besonderes Ziel blätterte ich darin herum . . .«

Fritz Pawelzik lebte in Afrika und Amerika, bevor er nach Europa zurückkehrte. Als CVJM-Bruderschaftssekretär hat er Jugendarbeit in vielen Teilen der Welt tatkräftig unterstützt und Mitarbeiter ausgebildet. Er ist mit Karin, einer finnischen Zahnärztin, verheiratet und hat drei erwachsene Kinder und zwei Enkel. Als RBtaschenbuch sind von ihm unter anderem erschienen: *Karin & Kaminski - So etwas wie eine Familienchronik, Die fröhliche Blechkirche, Frankreich ohne Rückfahrkarte, Gesucht wird Mann mit Phantasie, Das Glück in der Tüte, Ich werfe meine Freude an den Himmel - Gebete aus Afrika.*

Fritz Pawelzik

Morgengrauen in Chicago

Wie wir zu unserem Familienspruch kamen

R. BROCKHAUS

RB*taschenbuch Bd. 878*

Umschlag: Dietmar Reichert, Dormagen
Gesamtherstellung: Breklumer Druckerei Manfred Siegel KG
ISBN 3-417-20878-5
Bestell-Nr. 220 878

INHALT

Kein Problem für Darwin

Damals hatte ich Karin zu mir ins Ruhrgebiet geholt, mit dem Motorrad. Von Rom über Helsinki nach Recklinghausen. Wir waren nun verheiratet, wohnten auf einem Zimmer, liebten uns sehr und warteten auf unser erstes Baby.

Sieben Jahre Leben im Bergarbeiterwohnheim, genannt Bullenkloster, und damit sieben Jahre Bergbau lagen hinter mir. Bergmannsmissionar nannte man mich. Das war ein wenig Hochstapelei. Ich war ein Kumpel wie sie, nur mit leicht christlicher Schlagseite, mit der ich mich aber laut wehrte, wenn man meinen Chef im Himmel madig machen wollte. Jeder wusste das. Und Fäuste hatte ich auch.

Dann wollte mich der deutsche CVJM plötzlich als Missionar nach Afrika schicken. Ich war sprachlos, von so etwas hatte ich nie geträumt. Ich dachte erst, Karin wäre dagegen, so weit weg von Finnland, doch die war sofort dafür, sogar mit unserem Kind im Bauch. »Das ist doch spannend und ich geh dahin, wo du auch hingehst. Habe ich doch vorm Altar versprochen«, sagte sie.

Die Leute von der Goldküste Westafrikas, nun Ghana genannt, wollten einen Missionar und Fußballtrainer. Okay, ich bereitete mich darauf vor. Zwar war ich kein Profi, aber alles ist Gnade. Damit rechnete ich, dafür betete ich.

Die Leute in Ghana schrieben Briefe. Sie drängten. Sie wollten einen CVJM haben. Einen Vorstand gab es schon, aber keine Gruppen und Mitglieder. Sie hätten schon ein Haus für uns reserviert. Wir sollten sofort kommen, sonst sei das weg.

Zuerst brachte Karin noch in Finnland unsere Tina zur Welt.

Ich fuhr nach Ghana voraus. Sie wollte eine Woche später nachkommen. Ein paar Tage vor Weihnachten. Das wollten wir dort feiern. Es musste mal anders gehen, ohne Tannenbaum und germanische Seelenlage.

Mir wurde in Deutschland ein Kleinbus zur Verfügung gestellt. Den packte ich voll: mit Kühlschrank, Matratzen, sonstigen Kisten. Dann fuhr ich nach Hamburg, von wo aus ich in See stechen sollte.

In Ghana sollte ich in Takoradi an Land gehen und dort einen CVJM aufbauen. Diesen Namen hatte ich noch nie gehört. Ich fand heraus, wo diese Hafenstadt lag. Sehr heiß sollte es sein. Dort sollte ich auch mit dem CVJM anfangen. In der Nähe gebe es auch ein Bergwerk. Darum meinte man, ich sei der richtige Mann. Auch für die Matrosen und Hafenarbeiter.

An Bord behandelten sie mich wie eine komische Figur. Freiwillig nach Afrika umziehen! Noch dazu als Himmelskomiker. So nannten die von der Mannschaft Pastoren und Missionare. Unser Schiff war ein Frachter, der die Küste abklapperte. In jeder Hafenstadt gingen die Lords an Land und wussten ganz genau, wo sie einkehren konnten und was sie dort geboten bekamen. Schauermärchen erzählten sie mir von Afrika. Sie sahen mich schon in einem riesigen Suppentopf über offenem Feuer kochen. Sie malten es mir aus. Schlangen gebe es überall und Geschlechtskrankheiten. Auch wenn sie nett und freundlich zu mir waren, später konnten sie ihre spöttischen Bemerkungen über den zukünftigen Missionar nicht lassen und bedauerten mich dann. Das irritierte mich noch mehr als die Schauermärchen.

Und wie die Afrikaner klauten! Unendliche Geschichten konnten sie erzählen, die sie im Hafen erlebt hatten.

Der Kapitän war nett, der war für Schalke, wie ich. Aber er verstand auch nicht, was ich da eigentlich wollte. »Sie können jederzeit wieder bei mir einsteigen«, tröstete er mich. »Ich komme etwa alle vier Monate wieder vorbei.«

So bummelten wir an der afrikanischen Küste entlang, liefen in Häfen ein, entluden und luden.

Heiß war es. Ich bekam ein schlechtes Gewissen. Alleine würde ich es schon aushalten. Aber Karin aus dem finnischen Winter! Ein Klimawechsel von -20 auf +35 Grad. Und dann unser kleines Kind! War das nicht alles unverantwortlich von mir? Fand der Kapitän auch und alle Offiziere nickten dazu. Goldküste, wusste einer, das war das Grab des weißen Mannes.

Nach Takoradi wollte ich. Sekondi-Takoradi, so hieß die Stadt eigentlich. »Sekondi«, erklärte er mir, »kommt von second. Jeder zweite Weiße stirbt, wegen der Moskitos, Schlangen und anderer Sachen.«

Ich dachte an unsere kleine Tina. Mann, oh Mann, worauf hatte ich mich da eingelassen?

Kein Mensch da!

Langsam glitt unser Pott in das Hafenbecken. Mit der Sonne, die plötzlich an den Himmel sprang. Sie ging nicht langsam auf, sie sprang an den Himmel und war voll da. Es war heiß und feucht. Auf Deck lag eine Wasserschicht wie nach einem schweren Regen. Das war die niedergeschlagene Luftfeuchtigkeit. Ich dachte an meine beiden Frauen.

Dann sah ich das Ufer: Palmen, schwerfällige Fischerboote. Hütten, aber auch Häuser. Sogar Autos fuhren über die Uferstraße.

Im Hafenbecken schwammen Baumstämme, die unser Pott gleich aufladen würde.

Wir waren das einzige Schiff am Kai. Unten Afrikaner – Arbeiter und der Zoll in Uniform. Keiner sah nach Empfangskomitee aus. Keiner schien auf mich zu warten. Ich kam mir vor wie bei einem Abschied zu einer Grablegung.

Als Erstes wurde mein Wagen von Bord gehievt. Ich kletterte den Steg hinunter.

Unten wurde ich sofort von Uniformierten umringt: »Ist das dein Wagen?« Ich faselte etwas, in meinem holprigen Englisch, von Leuten, die auf mich warteten und alles wussten. Aber hier wartete niemand auf mich.

Ich musste meinen Wagen in die Zollhalle schieben. Wegen der Feuergefahr an Bord hatte ich den Tank leeren müssen. Einige Arbeiter halfen mir beim Schieben, erwarteten ein Trinkgeld von mir, aber ich hatte nur D-Mark. Die kannten sie nicht.

Die Zöllner wollten meine Papiere sehen. Die waren nicht vollständig. Es wurde ausgerechnet, wie hoch der Zoll für den Wagen sein würde. Eine astronomische Summe, die den Kaufpreis noch übertraf. Die hatte ich nicht. Ich faselte noch immer von reception committee. Doch das war nirgendwo zu sehen. Vielleicht hatten sie sich verspätet.

Ich musste die Wagentür öffnen. Auf einer richtigen Seekiste stand ein Karton. Den sollte ich aufmachen. Einige halfen mir beim Herausheben. Der Boss fragte mich, was ich hier eigentlich wollte.

»Missionary«, fiel mir ein. »Missionary«, wiederholte der Oberzöllner und musterte mich von oben bis unten. Ich trug weder einen Bart noch eine Bibel, sondern kurze Hosen und ein offenes Hemd.

Als ich den Karton öffnete, glaubten sie mir, dass ich ein Missionar sei. Darin lagen nämlich Bibeln. Aus dem Siegerland. Leider auf Deutsch. Die Zöllner bedienten sich. Freudig sah ich zu. Später begegnete ich den Bibeln wieder. Auf dem Markt und an Straßenrändern. Da wurden in den sorgfältig herausgetrennten Blättern geröstete Erdnüsse, Schaschlik oder Zucker verkauft.

Ich wurde gefragt, zu welcher Missionsgesellschaft ich denn gehörte. YMCA. Das ist der englische Name des CVJM.

Kannte keiner. Die Mienen verdüsterten sich wieder.

Noch immer war keine Sau da.

Nun sollte ich die mit Eisenbändern verschlossene riesige Kiste öffnen. Mir schwante Böses. Diese Kiste hatten die Kumpels gepackt. Sie sagten, ich würde in Afrika schwer Durst bekommen. Dagegen wollten sie mich mit dem schützen, was sie in die Kiste packten.

Damals sang der Schlagersänger Freddy Quinn immer: »Brennend heißer Wüstensand«.

Ich öffnete die Kiste mit dem Brecheisen. Der Inhalt sah überhaupt nicht nach Missionar aus: Bier war dabei noch das harmloseste Getränk.

Sehr erstaunte Gesichter beim Zoll. »Missionar?«, wurde ich höhnisch gefragt. »Sag bloß, du willst das beim Abendmahl ausgeben?«

Ich schämte mich.

Zwei Männer stellten meinen Zahlungskatalog zusammen, die Summe wurde immer gewaltiger. »Hast du denn gar keine Unterlagen, keine Einladung?«, fragte mich ein mitleidiger Zöllner.

Da fiel mir der Brief vom hiesigen Vorstand ein. Den kramte ich heraus und gab ihn dem Oberzöllner.

Der nahm plötzlich Haltung an. Er zeigte auf den Namen des Vorsitzenden auf dem Kopfbogen: »Weißt du, wer das ist? Der Finanzminister. Unser Vorgesetzter.«

Nach einer Überraschungssekunde: »Der wollte mich hier doch abholen.«

»Steht da«, musste der Oberzöllner zugeben. Er wollte sich nicht in Schwierigkeiten begeben und rief das Ministerium in Accra an. Das dauerte. Als er durch war, gab er mir den Hörer. Er traute sich nicht, mit seinem obersten Boss zu reden.

Der Minister hatte keine Zeit. Er musste zum Präsidenten. Seine Abordnung war nicht gekommen, weil der Wagen zusammengebrochen war. Das mit dem Haus hatte sich auch zerschlagen.

»Was soll ich denn tun?«

»Bau in Takoradi einen YMCA auf. Such dir ein Haus. Du schaffst das schon, unsere Gebete begleiten dich. Ich muss jetzt zum Präsidenten. Aber gib mir den Zollbeamten.«

Der bekam den Befehl, mich ohne Zoll durchzulassen. Ich musste einmal durch den Hafen gehen und zurück. Mit einem schweren Kanister in der Hand. Ich hatte doch immer noch kein Benzin im Tank.

Es war heiß. Ich musste Geld tauschen. Ich kannte keinen Menschen.

Batterie wieder anschließen. Das hatte ich noch nie gemacht. Leute zum Anschieben waren da. Gegen Löhnung. Von oben sahen die Matrosen zu. Sie grinsten nicht. Sie hatten Mitleid mit mir.

Einer rief: »Willste nicht wieder mitkommen?«

Ich zögerte. Die Afrikaner hatten mich ganz schön hereingelegt. Kein Empfang. Keine Wohnung. Ich hatte guten Grund, nach Hause zu fahren. In einer Woche kam Karin mit dem Baby.

Nee, ging nicht. Ich fuhr los und aus dem Hafen heraus. Aber wohin?

Mein erster Missionseinsatz bestand also aus Bibeln und Schnaps. Denn mit beidem hatten sich einige Zöllner versorgt. Zugegeben, eine eigenartige Kombination, nicht gerade ein Beitrag zur erbaulichen Missionsgeschichte.

Überall sah ich jetzt Menschen zu Fuß unterwegs, die meisten barfuß. Die Frauen mit Körben, Schüsseln und Bündeln auf dem Kopf, Kinder auf dem Rücken. Ich stellte mir Karin so vor, da hatte ich wenigstens etwas zum Lächeln.

Jetzt fuhr ich über eine bröckelige Straße an einer hohen Düne hoch. Auf dem Asphalt eine platt gefahrene, fette Schlange. Gepinkelt wurde überall. Obwohl unten am Hafen ein Schild hing: »No urinate please.«

Dann war ich oben. An einer Verkehrsinsel, dem so genannten Roundabout, den es in Ghana viel gibt. Ich hielt an. Hinter mir lagen der Hafen und das Schiff – schon wie abgeschnitten. Vor mir, unten, die Stadt. Häuser und Hütten, verrostete Blechdächer, viele Menschen zu Fuß unterwegs. Es war feuchtheiß. Unten sah es aus wie in einem Sumpfloch. Ich fühlte mich erbärmlich allein und verlassen. Knurrte gegen den deutschen CVJM und das ghanaische Empfangskomitee. Was sollte ich tun?

Ich fuhr durch die Straßen und stieg irgendwo aus. Ich sah mich um. Vor mir eine verfallene Hütte, rechts. Ich ahnte nicht, dass diese einmal das CVJM-Haus sein würde und noch ist. Und dass Karin dort ihre Zahnarztpraxis beginnen würde: »YMCA Dental Surgery, Dr. Karin Pawelzik«.

Noch stand ich da, verloren und verkauft.

Ich schickte ein Stoßgebet hoch: »Lieber Gott, wenn du mich hierher geschickt hast, dann lass mich doch wenigstens einen Menschen finden, mit dem ich reden kann.«

Ich bin ein Mensch, der an Wunder glaubt. Und der auch immer wieder welche erlebt. Wie es die Leser in diesem Buch auch nachlesen können.

Ich suchte also diesen Menschen. Fuhr ganz langsam in die Stadt hinunter. Musterte jeden Fußgänger. Es waren sehr viele.

Dann sah ich ein Schild: »Bishop O'Rorke School«. Flachbauten, rostige Dächer, offene Türen und Fenster, soweit vorhanden.

Auf dem Schulhof dazwischen spielten Kinder in hellen Schuluniformen. Mittendrin ein Lehrer mit weißem Hemd und schwarzen Hosen, deren Enden den Staub aufwirbelten. Der spielte so locker und lustig wie die Kinder. Das konnte doch kein schlechter Mensch sein.

Ich hielt an, stieg aus und ging auf ihn zu. So ähnlich wie Robinson auf Freitag. Die Kinder rannten davon, als sie mich sahen. Nicht voller Angst, sondern aus Spaß. In Sicherheitsentfernung blieben sie stehen.

»Fritz Pawelzik«, stellte ich mich vor, »Germany.«

»Darwin Ofosuapia. Ghana.«

Händeschütteln.

Ich versuchte ihm zu erklären, warum ich vor ihm stand. Mein Englisch reichte nicht. Ich musste dauernd nach Vokabeln suchen. Ich warf alles durcheinander. CVJM, Empfangskomitee, Frau und Kind. Ich sah, dass er mich eigentlich gar nicht verstand, obwohl er freundlich und gespannt, wenn auch leicht amüsiert zuhörte. Dann fragte er plötzlich und unvermittelt: »Do you know that Massa Jesus loves you?« Weißt du, dass der Herr Jesus dich lieb hat?

»Yes«, antwortete ich verwundert, aber aus vollem Herzen.

»Dann sind wir Brüder!«, rief er und schüttelte wie wild meine Hand.

Nun wollte er konkret wissen, wie er mir helfen könne.

Erst mal eine Wohnung, dann der CVJM.

»Okay«, antwortete er so locker, als ob ich ihn nur nach dem Weg gefragt hätte.

Er schickte die Kinder nach Hause. Sie sollten morgen wiederkommen. Heute müsse er dem Onkel aus Deutschland helfen.

Wir gingen zu meinem Wagen und stiegen ein. Er ließ sich sofort auf die Knie fallen. Was für mich schwieriger war, weil das Steuerrad im Wege saß.

So hatte ich noch keinen Menschen beten gehört. Darwin bestürmte unseren Vater im Himmel, als ob er den persönlich kennen würde und ihn schon oft um etwas gebeten hätte. Er breitete meine ganze Familiengeschichte vor ihm aus und wunderte sich, dass ich nur so kurz und zögernd betete.

Ich wunderte mich, dass er so einen aufgeklärten Namen hatte und trotzdem so fromm betete.

»Ist ein Irrtum«, erklärte er mir später. »Mein Vater war Analphabet. Er wollte mich eigentlich auf David taufen lassen, von dem er in der Kirche gehört hatte. Auch von Darwin hatte der Pastor mal geredet, sicher auf Englisch und negativ. Aber mein Vater hat das wohl verwechselt und so heiße ich Darwin. Macht aber nichts. Natürlich glaube ich an die Schöpfung, ist doch ganz klar.«

Als ich losfuhr, befahl Darwin: »Langsam, langsam. Wir müssen uns die Häuser genau ansehen. Du kannst nicht in einer Hütte wohnen. Es muss ein Haus sein. Hier an der Hauptstraße stehen viele. Unten sind Geschäfte drin, aber oben gibt es Wohnungen. Wo die Scheiben kaputt sind, da ist eine Wohnung frei.«

Tolle Aussichten!

Ich fuhr über die Hauptstraße. Mamma mia, wie mussten da die Nebenstraßen sein! Wir fuhren neben offenen, stinkenden

Abflussrinnen. Abfälle überall. Laute, scheppernde Musik. Die Läden erweiterten sich bis auf den Gehweg. Alles wurde angeboten. Auch lebende, gackernde Hühner und bockige Ziegen.

So etwas wie einen Markt umrundeten wir, gerieten in das Barviertel, eine Bar neben der anderen. Die Fassaden grell und unzweideutig bemalt. Und mittendrin Darwins Ruf: »Da ist sie!«

Ich sah die kaputten Scheiben im ersten Stock. Unten eine Radiobude, mit schrillen Geräuschen, daneben so etwas wie eine Apotheke, wo die Kundschaft draußen auf einer Bank abgespritzt wurde.

Keine Haustür hinderte uns. Wir stiegen zu den kaputten Fenstern hoch. Das Treppenhaus wurde von müden Seeleuten als Schlafstelle benutzt. Eingetrocknete Kotzbrocken sah ich mir lieber nicht näher an. Toilette auf dem Flur. Den Zustand beschreibe ich hier nicht. Zu der Wohnung gehörend, deren Tür aus den Angeln hing, eine Badewanne. Darin pennte einer. Die Wohnung war sonst leer, bis auf Speisereste. Leere Strippenenden starrten aus der Wand. Etliche Leute hatten ihre Hände an den Wänden abgeputzt. Immerhin ein großes Wohnzimmer, zwei Schlafzimmer, Küche, Bad, die Toilette auf dem Flur. Das konnte ich doch nicht meinen Damen zumuten.

Aber Darwin war begeistert. Er fand heraus, dass die Wohnung tatsächlich zu vermieten und wer der Besitzer war.

»No problem«, sein Kommentar, »den Besitzer kenne ich. Frommer Mann. Der ist Rechtsanwalt und Lektor in der anglikanischen Kirche. Ich kenne auch Brüder, die dir die Wohnung in Schuss bringen.«

»In einer Woche?«

»No problem. Der Herr ist mit uns. Haste schon gesehen.«

Wir fuhren los. Ich bin zwar auch von der schnellen Truppe,

aber so schnell hatte ich es nicht erwartet. Doch für Darwin, meinen neuen Freund, war es no problem.

Klinkenputzen mit Darwin

Erst einmal gingen wir zum Hausbesitzer, Lawyer (Rechtsanwalt) Mercer. Der sollte zwar auch ein Bruder sein, sah aber gar nicht so aus. Sondern wie ein englischer Gentleman, der sich einen ziemlich hochnäsigen Akzent angewöhnt hatte und sich auch so kleidete. Mit Weste, im glühend heißen Afrika. Earls Court nannte er die Bude, wo ich wohnen sollte. Die Miete war auch ziemlich unchristlich und drei Monate im Voraus zu zahlen. Da die Stromrechnung vom Vormieter nicht bezahlt war, musste ich auch dafür blechen, falls wir Licht haben wollten. Und alle Instandsetzungsarbeiten übernehmen.

Ich wollte schon aufgeben, doch Darwin handelte alles herunter und bedankte sich überschwänglich bei dem mir nicht gerade sympathischen Knaben.

Wie sollte ich die Bude in Stand setzen, mit meinen zwei linken Händen? Für Darwin kein Problem. Wir fuhren zum PWD, Public Works Department. Eine britische Erfindung, die es in vielen ehemaligen Kolonien gibt. Wir würden das Fuhrpark, Straßenreinigung und Bauamt kombiniert nennen.

Dort stiegen wir sofort zum Boss hoch, an allen Wartenden vorbei. Der sollte natürlich auch ein Bruder sein. Bei ihm sah es auch so aus. Er las zwar gerade eine Zeitung, doch daneben lag die Bibel.

Drei Kästen imponierten mir auf seinem Schreibtisch. Darauf stand: »in - out - pending«. Also: »Eingang - Ausgang - Zur Bearbeitung«.

Ein Ventilator stöhnte über ihm. Der Mann hatte sich einen Scheitel messerscharf durch seine Kraushaare ziehen lassen. Weißes Hemd, leicht durchgeschwitzter Kragen. Fest geknoteter Schlips, der zwar gelockert, aber nie entknotet wurde. Lange Hose, Wildlederschuhe.

Darwin stellte mich so überschwänglich vor, als ob ich alle Schätze aus dem Himmel und das Gold von Fort Knox mitgebracht hätte, und schilderte den YMCA als die wunderbarste Organisation der Welt.

Ich musste dann erklären, was der YMCA eigentlich ist. Mr. C. G. Bekoe-Tabiri, Manager, las ich auf dem Namensschild, das auf seinem Schreibtisch stand. Er war in der britischen Kolonial-Armee Stabsfeldwebel gewesen, der höchste Rang, den ein Afrikaner bei ihnen erreichen konnte, und hatte in Burma gekämpft. Er war im Kirchenvorstand der Gemeinde, zu der auch Darwin gehörte, und beide nahmen an, dass ich mich natürlich auch dort niederlassen würde. Mr. Bekoe-Tabiri händigte mir sofort eine von ihm unterschriebene Beitrittserklärung aus.

Als Mr. Bekoe-Tabiri erfuhr, dass jeder ordentliche CVJM einen Vorstand mit Vorsitzendem hat, schlug er sich sofort als den Vorsitzenden vom YMCA Sekondi-Takoradi vor.

Nicht nur das. Wir entwarfen eine Mitgliedskarte. Die ließ er von seinem Sekretär vervielfältigen und sagte, er würde dafür sorgen, dass wir reichlich Mitglieder bekämen. Keiner würde sein Büro verlassen, ohne Mitglied geworden zu sein oder eine Spende hinterlassen zu haben.

Seinen besten Mann, George Ussher, Allround-Handwerker, stellte er sofort ab, um meine Wohnung in Stand zu bringen. Auch ein Bruder, allerdings ein katholischer, aber das störte keinen hier.

Den letzten Bruder, den wir noch brauchten, fand Darwin am

Straßenrand. Der stank ziemlich nach Fusel, aber er sollte der beste Schreiner im Land sein. Was auch stimmte.

Als er mich sah, kniete er vor mir, wollte meine Hand küssen, nannte mich Vater und behauptete, er sei »romanz«. Später stellte sich heraus, dass das römisch-katholisch bedeutete.

Wir kauften ein. Farbe, Verputz, Holz für Betten, Tische und Stühle. Die beiden neuen Brüder legten sofort los und ich wurde als Handlanger tätig.

Einen Tag vor Karins Ankunft waren sie fertig. Unglaublich. Die Wohnung war nicht wieder zu erkennen und ich war bankrott. Aber ein Bruder von der Bank gab mir Kredit auf das Gehalt von Deutschland für drei Monate. (Dieses würde verkehrt adressiert erst vier Monate später kommen, aber das wusste ich damals noch nicht. Es ging nach Südafrika und von dort in die Türkei. Endlich trudelte es, neu adressiert, bei meiner Bank ein.)

Was die Brüder alles getan hatten! Türen, Fenster, Möbel. Die Sessel vom Carpenter Romanz stehen noch heute in unserem Wohnzimmer in Düsseldorf. Dann kam der Frauenverein der Kirche und putzte die Wohnung durch. Ich war zu Tränen gerührt. So was von offener Tür hatte ich noch nicht erlebt.

No problem für Darwin. »God is great«, so erklärte er alles.

Morgengrauen in Chicago

Ich habe mich nie in meinem Leben beworben. Nur geworben, zum Beispiel für Jesus und um Karin, ziemlich heftig.

Nach sieben Jahren Ghana bekam ich einen tollen Job angeboten. Ich sollte in Ostafrika Mitarbeiterausbildung machen, Leadership Development Programmes (LDP). Und damit ich mich auch theoretisch darauf vorbereiten konnte, bekam ich ein Stipendium für Chicago. Karin wollte dort auch weiter studieren. Dass wir beide arbeiten mussten, um das alles zu bezahlen, war klar. Darum nahmen wir Inkeri mit, ein fünfzehnjähriges finnisches Mädchen, das auf die Kinder achten sollte. Mittlerweile hatten wir drei.

Karin studierte Kieferchirurgie, ich Soziologie und Psychologie, alles sehr praktisch, wie alles in den Staaten.

Morgens hockte ich in den Vorlesungen, nachmittags musste ich mein Wissen im Umgang mit Straßengangs in Chicago anwenden und darüber auch noch gründlich und akademisch berichten. Hart war das. Und das Geld reichte überhaupt nicht. Deshalb ging ich morgens in den Schlachthof und schleppte Rinderseiten in die vorgefahrenen Laster. Karin kellnerte.

Auch das Essen reichte oft nicht. Ich versuchte es ein paar Mal mit gesalzenem Hundefutter. Doch Karin fand es bald heraus, obwohl ich die Büchsen verschwinden ließ. Wir zogen Wintersachen aus der Altkleiderkammer der Heilsarmee an. Noch sehr gut erhaltene.

Ich sollte den Magister in einem Jahr machen. Eigentlich brauchte man dafür drei Jahre. Sonst würde ich faulenzen, fand der beratende Professor, den ich sehr schätzte.

Ich hatte beim Pauken Probleme. Statistik nannten wir Sadistik, weil so viele durchfielen. Freud auf Englisch war unverständlich wie Chinesisch. Ich dachte, ich könnte ganz gut Englisch verstehen, doch das wissenschaftliche Englisch war etwas ganz anderes als die Alltagssprache. Und Pauken, mein Leben unter den Gangs riskieren, das ging mir an die Nerven.

Karins Studienkollegen waren gar nicht nett zu ihr. Sie meinten, sie würde ihnen Operationsmöglichkeiten wegnehmen. Unsere Stimmung war entsprechend.

Außerdem wurde es November. Ein Mischbad für die Gefühle und die Nerven. Regen, Schnee, Sturm, Schwüle. Dort, in der »windy city«, sagt man: »Du magst das Wetter in Chicago nicht? Warte zehn Minuten, dann ändert es sich wieder.«

So kam der Dezembermorgen heran, von dem ich berichten möchte. Morgens um vier musste ich aus dem Bett. In die eiskalte Badewanne, damit ich überhaupt wach wurde. Die Kinder husteten und schliefen unruhig. Einer von den Dreien war immer erkältet.

Wir wohnten in einem Studentenwohnheim auf drei Zimmern. Karin und ich schliefen im Wohnzimmer. Die Heizung war echt kapitalistisch. Die gab nur Wärme von sich, wenn ich einen Dollar in den Schlitz steckte. Wegen unserer fatalen finanziellen Situation warf ich nur dann etwas ein, wenn es eiskalt in der Wohnung war. Ich mahnte alle, sich nur im Pullover und in warmen Unterhosen in der Wohnung zu bewegen.

An jenem Morgen im Dezember war ich ganz unten. Kalt war es, Hunger hatte ich auch, doch ich durfte den Kindern nichts wegessen. Eine Klausur lag vor mir an jenem Morgen, über den Psychiater Sullivan und seine Theorie, die ich überhaupt nicht mochte und darum wohl auch nicht richtig verstand.

Ich ging zu meinem Schreibtisch. Der befand sich in der

schmalen Küche, die eigentlich nur ein abgeteilter Gang war, in dem man sich kaum drehen konnte. Eine Minifläche, die, von der Wand heruntergeklappt, eigentlich der Hausfrau zum Kotelettklopfen dienen sollte, war nun mit meinen Büchern und Heften stapelweise belegt.

Davor hockte ich mich, während alle anderen in der Wohnung schliefen. Ich hätte unbedingt Sullivan pauken müssen. Doch ich kam nicht zu Potte. Ich bewegte die Bücher hin und her, kramte sinnlos darin herum. Blätterte im zerlesenen Wörterbuch und pickte mir wenigstens einige Wörter heraus, die aber zusammen gelesen keinen Sinn machten.

»Sadistik« musste auch wiederholt werden. Die Professorin war unerbittlich.

Ich nahm mir den Notizblock vor. Dort stand, was ich unbedingt heute Morgen noch pauken musste, ehe ich in den Schlachthof und dann in die Uni fuhr.

Doch anstatt mit dem Arbeiten anzufangen, malte ich Kringel darauf, nickte sogar dabei ein, versuchte mich wieder zusammenzureißen. Tat so, als ob ich den Sullivan suchte und nicht fand. Dabei sah ich meine Bibel wieder, die ganz versteckt unten drunter lag. Die hatte ich schon lange nicht mehr gelesen und wenn, dann nur Bruchstücke.

Wieder verstecken, damit das Gewissen nicht wach und schlecht wurde. Als ich den Sullivan anhob, lag da das Losungsbüchlein. Etwas für fromme Leute. Für jeden Tag ein Wort aus dem Alten Testament, das durch eins aus dem Neuen erklärt wird. Danach noch ein erbaulicher Liedvers. Das hatte mir der Hannsfrieder Siebert aus Letmathe geschenkt. So etwas von einem treuen Schluffen. Er betete jeden Tag für uns.

Aber nun saßen wir in Chicago. Eiskalt war es. Schnee fiel in dichten Flocken. Der offene Gang außen an den Wohnungen entlang wurde mit Schnee zugeweht. Und ich mit meinen abgefahrenen Sommerreifen unter dem Karren aus vierter Hand.

Etwas verschämt wollte ich die Losungen wieder zudecken, aber dann nahm ich das Büchlein doch in die Hand.

Plötzlich die offene Tür

Ohne besonderes Ziel blätterte ich darin herum, immer wieder gähnend. Hatte es überhaupt einen Sinn, jetzt zu studieren, wo ich mich nicht konzentrieren konnte?

Dann las ich unvermittelt das Datum des heutigen Tages, überflog den Text aus dem Alten Testament und blieb am neutestamentlichen Vers hängen. Zunächst klang der wie ein Hohn in unserer jetzigen Lage: »Siehe, ich habe dir die Tür geöffnet und keiner kann sie zuschließen.«

Hier waren doch alle Türen zu, schienen es jedenfalls zu sein.

Aber dann packte mich der Text ganz anders. Wie ein Versprechen: Hör mal, Junge, ich mache dir die Türen schon auf, verlass dich darauf. Auf einmal glaubte ich das. Jau, hatte ich doch immer wieder erlebt, dass mir Türen geöffnet wurden, wo ich das gar nicht erwartet hatte.

Ich lasse mich leicht überzeugen, ich bin ein leichtgläubiger Mensch. »Lieber Gott, ich nehme deine Zusage ernst. Wir brauchen deine offenen Türen.« Ich war überzeugt – das war unser Familienspruch! Danach wollte ich mich richten.

Ich stand auf und weckte Karin: »Wir haben einen Familienspruch.«

»Konntest du mir das nicht später sagen? Lass mich weiterschlafen.«

»Aber der passt ganz genau.«

»Dann schreib ihn doch auf und kleb ihn an die Wand.«

Genau das tat ich.

Ich riss einen Zettel aus dem Block, schrieb den Spruch quer darüber. Fast künstlerisch, mit dem »Siehe« ganz oben, dann »ich habe dir die Tür geöffnet« in einer Reihe, »und niemand kann sie zuschließen« darunter. Dann klebte ich den Zettel mit Klebstreifen über meinen Klapptisch.

Ich fühlte mich so, als ob jetzt schon alle Türen offen stehen würden.

Im Schlachthof bekamen wir Fleischdeputat. Einen Plastikbeutel voll guter Reste, wie ich sie mag. Knochen zum Abnagen, Schwänze, Ohren. Bei der Klausur kam genau das dran, was ich von Sullivan wusste. Ich schrieb ein A, womit ich nie gerechnet hatte, also nach deutschen Zensuren eine Eins. Jetzt war ich in so beschwingter Stimmung, dass alles wie geschmiert lief. In der »Sadistik« begriff ich sogar die komplizierteste Formel. So bin ich eben, schnell alles Üble hinten lassen und sich auf Zusagen verlassen. Auch wenn ich dabei schon öfter hereingefallen bin. Aber ich rechne eben mit Wundern.

Als ich nach Hause kam, hatte ich den Eindruck, dass unsere Kinder nicht mehr so furchtbar husteten. Ich war großzügig, warf einen Dollar in den Schlitz der Heizung, obwohl sie noch warm war.

Karin hatte morgens eine Operation bekommen, einen neuen Schnitt gelernt und beim Kellnern über Mittag ein schönes Trinkgeld bekommen. Alles sah sehr gut aus. Ich dachte sogar daran, für den Abend eine Flasche Wein zu kaufen, um den Familienspruch zu feiern.

Doch als die Post kam, sah leider nicht mehr alles so rosig aus. Rechnungen waren das: Strom, viel zu hoch. Benzinrechnungen, die ich sofort überprüfte, die aber leider stimmten. Versicherung für den Wagen, auch das noch. Und Winterreifen musste ich kaufen.

So verging die Freude an dem Familienspruch wieder und wir saßen ziemlich betröppelt da. Die Kinder waren mit Inkeri ins Spielzimmer des Wohnheims gegangen.

Draußen schneite es immer dichter.

Karin fing mit der Planung für Weihnachten an. Zu mehr als Kartoffelsalat mit Billigwurst würde es wohl nicht reichen. Woher einen Baum nehmen? Trübe Aussichten. Dazu kamen ja noch die Miete, die Unigebühren und alles, was wir nicht erwarteten.

Trotz Familienspruch sahen wir uns trübsinnig an.

Der Weihnachtsmann steht vor der Tür

Ich versuchte einen Kassensturz zu machen. Es sah finster aus.

Karin schimpfte: »Hör doch auf damit. Davon wird das Geld auch nicht mehr! Wir sind doch immer ausgekommen, wir haben nie oder selten Mangel gelitten. Und was soll denn dein Gerede von unserem Familienspruch, wenn du sowieso nicht an die offene Tür glaubst!?«

»Aber mit Geld ist das etwas anderes«, meinte ich.

»Ich dachte, dein Glaube hätte auch was mit Geld zu tun.«

Ich zerknüllte den Zettel und warf ihn in den Papierkorb.

Eine Weile saßen wir schweigend da. Dann klopfte es an unsere Wohnungstür. Wer konnte das sein? Draußen dichtes Schneetreiben. Ein Student, dem Zucker oder Salz fehlte?

Ich öffnete die Tür zum offenen Umgang. Draußen stand der verschneite Weihnachtsmann. Das konnte doch nicht wahr sein! Aber da stand er. Auf seiner Pelzmütze lag Schnee. Auch auf dem Pelzkragen seines schweren Wintermantels. Er hatte keinen Bart, aber ein sehr freundliches Gesicht mit Brille. In den Armen hielt er zwei riesige Einkaufstüten aus braunem Packpapier, wie sie in Amerika üblich sind. Flaschenhälse schauten heraus.

Ehe ich zu mir kam, redete er mich mit meinem Vornamen an: »Hi, Fritz.« Richtig amerikanisch gerollt.

Ich kannte ihn nicht. Er stellte sich vor. »Bob Miller vom YMCA in New York. Ich bin auf dem Weg vom Big Apple (New York) nach L.A. (Los Angeles). Wir haben gehört, dass ihr, Karin und du, hier studiert. Und da es so kurz vor Weihnachten ist und die Stipendien nie reichen, wollten wir euch eine Freude machen.«

Er trat in unsere Wohnung, stellte die beiden Tüten auf den Tisch und begrüßte Karin. Ich bat ihn, doch Platz zu nehmen.

»Geht nicht, Fritz, mein Taxi wartet draußen. Ich muss die Maschine nach L.A. kriegen. Merry Christmas.«

Weg war er. Ich brauchte nur noch die Tür zu schließen.

»Kennst du den?«, fragte Karin.

»Nee.«

Wir sahen neugierig in den Tüten nach. Flaschen, nicht Cola, sondern sehr edle Tropfen. Ganz nach unserem Geschmack. Büchsen und Dosen mit Delikatessen. An die Kinder hatte er auch gedacht. Süße Sachen. Und ganz unten lag ein Umschlag. Ich öffnete ihn: 2000 Dollar. Unsere Rettung.

»Siehst du«, rief ich nun wieder ganz fröhlich, »so ist unser Vater im Himmel, der denkt nicht nur an die Theologie, wenn er uns einen Familienspruch schenkt, sondern der sorgt auch dafür, dass wir seine Geburt feiern können!« Und das taten wir.

Der Russe in der Sauna

Von Chicago aus zogen wir nach Nairobi. Karin war in der Krebsforschung tätig, die Kinder wuchsen und gediehen, ich war noch immer beim CVJM und reiste vor allem in den ostafrikanischen Ländern als YMCA-Trainer für Mitarbeiter herum. Aber manchmal war ich doch zu Hause.

Karin arbeitete nebenbei in einer Zahnarztpraxis. Da erschien eines Tages ein Sowjetrusse bei ihr, weil er Zahnschmerzen hatte. Damals herrschte noch Kalter Krieg, da gingen die Ostleute lieber zu einer neutralen Finnin als zu einem westlichen Engländer.

Der Sowjetmensch hieß Schdanow. Dieser Name hatte in Finnland keinen guten Klang. Nach dem verlorenen Krieg hatte dort ein Mann dieses Namens als Stalins engster Vertrauter residiert und versucht, auch Finnland in den Ostblock zu befördern. Aber das misslang, weil ein finnischer Minister doch mehr Finne als Kommunist war.

Der andere Schdanow, der in Nairobi, fragte Karin, wo es hier in Nairobi eine Sauna gebe, denn er sei ein Sauna-Liebhaber.

Karin sagte: »Mein Mann hat eine gefunden. Da geht er jeden Mittwoch hin. Der nimmt Sie sicher gerne mit.«

Ich hatte eine Sauna im Park des teuersten Hotels von Nairobi gefunden. Den unverschämt hohen Eintrittspreis konnte ich nicht bezahlen, doch ich freundete mich mit dem Nachtwächter an.

Offiziell wurde die Sauna schon um zwanzig Uhr geschlossen, wenn sie so richtig heiß war, auf hundertzwanzig Grad. Das war damals meine Temperatur. Dem Nachtwächter brachte ich immer ein Scheinchen mit. Dann durfte ich über das Tor klettern und schwitzen. Wenn sie Lust hatte, nahm ich auch Karin mit.

Und nun hatte ich einen neuen Saunakumpel, mit dem ich meinen Anteil am Bakschisch des Nachtwächters halbieren konnte. Schon bald brachte der Sowjetmensch einige seiner Kumpels mit, Botschaftsleute, die mich zunächst mit Misstrauen musterten, bis das Wässerchen, das sie dabei hatten, uns bei Vor- und Vatersnamensbasis landen und das Misstrauen begraben ließ.

Einmal schütteten sie das Wässerchen, auch Wodka genannt, über die heißen Ofensteine. Ich trat für einen Augenblick weg. Nirwana nannten sie das.

Schdanow erzählte mir, er sei für eine sowjetische Nachrichtenagentur in Nairobi tätig. Später aber wiesen sie ihn als Spion aus. Ob das stimmte, weiß ich nicht. Auf jeden Fall war er ein prima Kerl.

Die anderen waren »hohe Tiere« in der Botschaft, einer Arzt und Besucher aus der Sowjetunion. Wenn sie mir von sich erzählten, hörte ich interessiert zu und glaubte ihnen alles. Unsere Unterhaltungen fanden auf Englisch statt.

Die Russen waren natürlich auch neugierig und wollten wissen, was ich tat. Wie sollte ich das erklären? Ich versuchte es: »Ich bin so eine Art Jugendpope.«

Donnerndes Gelächter. Schdanow meinte: »Aber der hat doch immer einen Bart und eine schwarze Büchse auf dem Kopf. Der trägt ein langes, schwarzes Kleid. Einen nackten Popen habe ich noch nie gesehen!« Er und die anderen konnten überhaupt nicht verstehen, dass ich so ein Frommer sei. »Du siehst doch aus wie ein ganz normaler Mensch und du trinkst auch Schnaps.« Dann versuchten sie mir klar zu machen, dass das alles Quatsch sei, was ich glaubte. Sie brachten alle die billigen Argumente aus dem Atheismus-Unterricht und aus der Evolutionslehre vor. Die von sowjetischen Raumfahrern, die sagten, sie hätten da oben keinen Gott entdeckt. Eine Ironie des Schicksals ist: Heute haben die russischen Kosmonauten eine Ikone in ihrer Raumfähre.

Immer wieder versuchten sie, mir Fangfragen zu stellen, meinen Glauben lächerlich zu machen, aber auf eine burschikose und freundliche Art, wie sie meinten. Wenn ich schon Missionar hier sei, dann wollten sie es auch bei mir sein.

Langsam ging mir aber ihre dauernde Besserwisserei auf den Geist. »Hört mal auf damit«, fuhr ich sie an. »Die ganze Woche habe ich mit Religion zu tun und sonntags auch noch. Lasst mich doch hier mal in Ruhe schwitzen.«

Und als Schdanow überhaupt nicht aufhören wollte, fuhr ich ihn an: »Soviel ich weiß, heißt du mit Vornamen Benjamin. Das kommt doch weder von Marx noch von Engels. Wie kommst du denn an diese biblische Dekoration?«

Er räusperte sich verlegen. »Na ja, da gibt es noch die Babuschka bei uns, die Großmutter. Die hat einfach gesagt, als ich auf die Welt kam, der Junge wird Benjamin getauft. Haben die Eltern getan, obwohl sie beide überzeugte Kommunisten sind.«

»Und deine Kinder, wie heißen die denn?«

»Daniel und Maria«, antwortete er verlegen und seufzte: »Die Großmutter lebt noch.«

»Wunderbar, dass es bei euch noch die Großmütter gibt!«, rief ich. »Eure Rettung.«

Da waren die Towarischtschi aber anderer Meinung.

Danach hörte die Stichelei für eine Weile auf. Das verdanke ich auch den russischen Babuschkas, wie wir noch sehen werden.

Meine Saunakumpels luden mich sogar ein, die sowjetische Botschaft zu besichtigen. Unglaublich – im Kalten Krieg. Aber entweder hielten sie mich für naiv oder für ihren richtigen Freund, dass sie sicher waren, ich würde ihren Chefs nichts von diesem Besuch verraten.

Bei den Russen zu Hause

Wir besuchten uns auch gegenseitig in unseren Wohnungen. Bei den Iwans gab es immer Spezialitäten aus der Botschaft, die eigentlich für Minister und sonstige »hohe Tiere« gedacht waren, doch mir schmeckten sie auch: Kaviar, Krabben, Kartoffelpfannekuchen, Borschtsch und dazu natürlich Alkoholisches, und nicht zu knapp. Keiner sollte verdursten. Ich sah immer zu, dass ich einen Platz am Fenster bekam. Von dort konnte ich die Blumen begießen. Die wuchsen sehr gut.

Wenn das Wässerchen die Zungen meiner Freunde gelöst hatte, begannen sie ganz anders als in der Sauna zu reden. Sie versuchten überhaupt nicht, mich zu bekehren, sondern schimpften auf ihre Regierung, die Funktionäre und ganz besonders über den Botschafter.

Den Frauen war es peinlich, besonders weil Karin und ich als kapitalistische Ausländer dabei waren, doch ich tat so, als ob ich nichts hörte. Ich verstand auch nichts, wenn sie russisch schimpften. Aber dann wollten sie mir auf Englisch erklären, warum die ganze Realität des Kommunismus durch die Funktionäre versaut würde.

Kein Kommentar von mir. Ich belegte lieber meine Reibekuchen mit Kaviar und genoss es, wie ein Feinschmecker zu leben.

Die Ärztin der sowjetischen Botschaft hatte einen Sohn, dem sie zu Hause Unterricht gab. Sie war eine überzeugte Kommunistin und demonstrierte das auch. Gleichzeitig fand sie aber, dass ihr Sohn andere Kinder als Umgang brauchte und es gut für ihn wäre, wenn er Englisch lernte. Unsere Kinder luden ihn oft ein und besuchten ihn.

Von ihnen ging es auch aus, dass sie ihn mit zu ihrer Schule nehmen wollten. Er war ganz begeistert und die Mutter meldete ihn an. Wie wir sahen, gefiel es Andrej dort sehr gut.

Nach einiger Zeit fragten wir die Mutter, was sie von der Schule hielte.

»Serr gutt«, antwortete sie mit starkem russischen Akzent. »But too much religion. Zu viel Religion. Der Junge kniet jetzt jeden Abend vor seinem Bett und betet.«

»Wird die Babuschka freuen«, sagte ich.

»Fritz!«, rief sie mich zur Ordnung.

Einmal bestiegen wir Männer sogar gemeinsam den Mount Kenya. Ich gab mit meinen Berg-Erfahrungen an. Wir ließen es langsam gehen und fast alle erreichten den Gipfel. Aber das Wässerchen, mit dem oben gut russisch gefeiert werden musste, tat uns gar nicht gut. Ein elendes Brechen befreite uns schließlich wieder davon.

Meine Freunde wollten genau wissen, was ich so machte. Sehr schnell taten sie meine Mitarbeitermotivierung und -schulung als Agitation und Ideologie ab. Aber der YMCA kann auch in Nairobi etwas vorzeigen: sein Hotel und das Sport- und Berufsbildungszentrum in Shauri Moyo, mitten in einem Elendsviertel. Rundherum eine riesige Ansammlung aus Papp-, Plastik- und Lehmhütten. Zentrum von Prostitution, Drogenhandel und Kriminalität. Aber mittendrin wir vom YMCA.

Das wollte ich ihnen zeigen. Ich organisierte einen Termin. Doch da konnte nur Schdanow. Die anderen wollten es sich später ansehen. Es sah auch nicht gut aus, wenn so viele Sowjetrussen auf einmal dort erschienen. Wenn das der Botschafter erfuhr, würde es großen Ärger geben. Das mit der Sauna und unseren Hausbesuchen hielten sie auch geheim.

Die Babuschkas von Shauri Moyo

Ich fuhr mit Schdanow nach Shauri Moyo. Auf Deutsch heißt dieses Elendsviertel »Das Herz aller Dinge«. Unverständlich, warum. Ich wollte Schdanow imponieren und zeigte ihm unsere Sporthalle. Damals war das die größte und bekannteste von Nairobi. Dort trainierten Boxer und Langstreckenläufer der Weltklasse. Doch Schdanow imponierten sie gar nicht. Sein stereotyper Kommentar war: »In der Sowjetunion haben wir noch bessere Athleten und mit unserem Breitensport könnt ihr euch überhaupt nicht vergleichen.«

Auch unsere Berufsschule für Schreiner, Batikkünstler und Kunstgewerbe Schaffende entlockte ihm nur ein müdes Lächeln: »So was haben wir in der Sowjetunion tausendfach und jeder bekommt bei uns eine Arbeit. Hier bei euch ist es nur eine Augenwischerei. Ein Tropfen auf dem heißen Stein.«

Nun hatte ich nichts mehr vorzuweisen.

In dem anderen Haus gab es Schulklassen und Vereinsstunden, doch im Moment schien da nichts stattzufinden.

Trotzdem rannte ich zu meinem Kollegen Balongo und fragte ihn, ob sich nicht etwas vorzeigen ließe.

»Sonst ist hier immer alles voll«, erklärte er. »Sonntags ein Gottesdienst nach dem anderen. Schulklassen bis in den Nachmittag. Abends Bibelstunden. Gleich kommen die Frauen aus der Umgebung. Das ist nichts für den Besucher. Weißt du, das sind die armen, alten Frauen, ohne Männer und mit vielen Kindern, den eigenen und den von ihren Töchtern, die auch keine Männer haben. Da wird auch zu viel geheult. Eine richtige Bibelstunde ist das sowieso nicht. Würde auf den Kommunisten nur einen schlechten und verkehrten Eindruck machen.«

Ich nickte, Balongo hatte vollkommen Recht.

»Der soll morgen kommen«, schlug Balongo vor. »Da führe ich mit Studenten und Schülern eine Diskussion. Die kann ich vorbereiten. Das sind scharfe Jungens, die können den Kerl ganz schön unter Druck setzen. Schlag dem das mal vor.«

Tat ich. Doch Schdanow konnte am nächsten Tag nicht.

»Was ist denn heute, gleich?«, wollte er wissen.

»Nichts für dich. Eine Bibelstunde der Babuschkas.«

»Oh«, rief er, »das ist interessant. Babuschkas und Ideologie. Das möchte ich hören.«

Mir war es gar nicht recht, Balongo auch nicht, doch Schdanow bestand darauf.

Nichts sah zum Vorzeigen aus. Ein heruntergekommenes und abgenutztes Klassenzimmer lud nicht gerade zum Verweilen ein. Es stank nach Schweiß. In grauen Vorzeiten hatte es einmal Scheiben in den Fenstern gegeben, nun klebte nur noch der vertrocknete Kitt an den Rahmen. Ich schämte mich für unseren Verein, der diesen Raum so verkommen ließ. Aber der wurde täglich von morgens bis abends gebraucht. Die Tafel an der Wand war so grau vom vielen Wischen, dass man kaum noch darauf schreiben konnte.

Langsam und zögernd trafen die Babuschkas ein, ein Trauerzug magerer und verhärmter Gestalten. Viele vom Alter oder von anderen Lasten gebeugt. Kaum eine, die ein ordentliches Kleid trug. Nur verwaschene, ausgebleichte, geflickte Lumpen. Die meisten hatten kaum noch Zähne im Mund und gingen am Stock.

Eine einzige jüngere Frau erschien. Sehr selbstbewusst, ordentlich gekleidet mit Pumps und kurzem Rock, den Riemen einer Handtasche um den Arm. Sie sah aus wie eine Sozialarbeiterin und war wohl auch eine.

Sie nahm sofort das Heft in die Hand, ohne uns zu beachten. Balongo hatte sie wohl informiert. Auch die alten Frauen taten so, als ob wir gar nicht da wären.

Erst setzten sich alle auf den nackten Boden. Versanken in sich zu einem Gebet. Einige begannen zu murmeln oder zu schluchzen. Andere stießen sie an und forderten sie auf, ruhig zu sein.

Die energische Jüngere ging erst einmal von Frau zu Frau, reichte jeder zur Begrüßung die Hand, hörte etwas zu und ging dann zur Nächsten. Wie ein Pastor beim Kaffeetrinken der Frauenhilfe.

Als die Frau wieder vorne stand, begann sie ein Lied vorzusingen und in die Hände zu klatschen. Sehr energisch, aber noch immer mit der Handtasche über dem Arm.

Die alten Frauen erhoben sich langsam und sangen mit. Erst langsam, doch dann wurden sie immer schneller, von der Energischen angetrieben.

Beim zweiten Lied, wohl kein Choral, aber ein christliches Lied, begannen die Frauen sich im Rhythmus zu wiegen und zu tanzen. Ich musste Schdanow jedes Wort des Swahili-Liedes übersetzen, denn der suchte krampfhaft nach Ideologie und Agitation.

Dann durften sich die Frauen wieder setzen. Die Dame mit Handtasche betete zuerst. Dann konnte jede zu Gott so beten, wie sie wollte: Die Hände hoch geworfen oder auf den Knien, flehend, zerknirscht, laut oder leise.

Schdanow kam das sehr fremd vor. Ich sah es. Ich dachte

schon, er würde mich am Ärmel aus dem Stimmengewirr ziehen. Doch er blieb an der Wand stehen.

Die jüngere Frau kramte eine Bibel aus ihrer Handtasche und las den Frauen einen Text vor. Wie die Sünderin dem Herrn Jesus die Füße mit ihren Tränen wusch und mit ihren Haaren abtrocknete. Die Frau malte den Babuschkas die Geschichte aus. Kopfnickend und gerührt hörten sie zu. Ich übersetzte Schdanow alles, doch der hörte kaum zu, der sah das Elend der Frauen an. Sie taten ihm sehr Leid. Das sah ich.

Die Frau mit der Handtasche konnte erzählen, nicht nur mit Worten, sondern auch mit Gesten, indem sie selbst niederkniete und so tat, als ob sie einem die Füße waschen würde. Sie griff in ihre Handtasche, als ob sie ein Parfümfläschchen herauszog und ein paar Tropfen einer Frau über die Haut träufelte.

Ihre Schlussfolgerungen, wieder im Stehen und mit der Handtasche am Arm, waren kurz, aber klar: »Der Herr Jesus hat jeden lieb. Auch die größte Sünderin. Aber viele Menschen wissen das nicht. Die tun mir Leid. Amen.«

Wieder Singen und Tanzen, aber jetzt viel ausgelassener. Wir wurden auch am Arm gepackt und sollten mitmachen. Ich war mittendrin, doch Schdanow zog sich nach wenigen Schritten an die Wand zurück. Er gab mir zu verstehen, dass er gleich gehen wollte.

Schdanows afrikanische Babuschka

Die Bibelstunde ging zu Ende und es wurde ruhiger. Die Frauen verabschiedeten sich voneinander wie Schwestern. Sie umarmten und küssten sich. Die Frau mit der Handtasche wischte ihnen die Tränen ab. Sie war eben eine praktische Christin, die nicht nur Gefühle auslöste, sondern auch behandelte. Da kam ein altes Mütterchen auf uns zu. Krumm von Rheuma und Gicht, am Stock. Sie blieb vor mir stehen, sah zu mir hoch. Dann fragte sie: »Bruder, weißt du, dass der Bwana Jesus dich lieb hat?«

»Ndio Mama«, antwortete ich. Ja, Mama.

Sie nickte dankbar und bewegte sich zu Schdanow hinüber. Sie stellte ihm die gleiche Frage auf Swahili. Ich übersetzte.

Schdanow sah mich fragend an. Ich wiederholte die Frage. Sie war ihm peinlich. Erst schien er nicht zu wissen, was er antworten sollte.

Dann sagte er zu mir: »Fritz, du weißt doch, was ich denke. Sag ihr, dass ich von Religion nichts halte. Aber so nett, wie du kannst. Es ist eine alte Frau, wie meine Babuschka. Ich will ihr nicht wehtun.«

War doch ein prima Kerl, der Schdanow. Aber wie sollte ich das machen? Die Tatsache seines Unglaubens blieb bestehen.

Dann sagte ich der Babuschka ganz traurig, weil ich auch wirklich so fühlte: »Er weiß es leider nicht.«

Die Babuschka humpelte wieder zu ihm hinüber, nachdem sie dicht an mich herangekommen war, um mich zu hören. Sie sah Schdanow ganz traurig an, nahm seine Hand und hielt sie fest.

Nach einer Weile des Nachdenkens fragte sie mich: »Wie heißt er denn?«

»Schdanow.«

»Das kann ich nicht behalten. Hat er noch einen Namen?«

»Benjamin.«

»O ja, den kenne ich. Aus der Bibel. Ein Sohn von Jakob. Der jüngste.«

Sie blieb vor ihm stehen, nahm wieder seine Hand und sagte zu ihm: »Benjamin, ich werde jeden Abend für dich beten. Jeden

Abend. Solange ich lebe. Der Herr Jesus hat dich lieb. Ich bitte ihn, dass du es verstehst.«

Ich übersetzte das dem Schdanow. Da sah ich Tränen in seinen Augen. Er beugte sich zur Babuschka hinunter, umarmte und küsste sie.

Die Babuschka zog sich zurück, winkte aber noch in der Tür.

Als wir zum Wagen gingen, sagte Schdanow zu mir: »Fritz, ihr habt den Kalten Krieg hier in Afrika gewonnen. Euer Jesus ist in den Herzen der Babuschkas. Da holt ihn keiner raus. Das weiß ich von meiner Babuschka.«

Nachts am Sowjetpalast in Genf

Schdanow ging dann zurück in die Sowjetunion und ich wurde nach Genf berufen, zum Weltbund der Christlichen Vereine Junger Menschen.

Aber wir hielten Kontakt. Wenigstens mit Weihnachtskarten. Auf seinen war nicht der Weihnachtsmann, sondern Väterchen Frost abgebildet, wie es in Russland üblich war.

Eines Tages schrieb er: »Ich komme zu einer Konferenz nach Genf. Können wir uns sehen?«

Wir trafen uns. Erst einmal zum Essen und Trinken auf Kosten des sowjetischen Staates bei einem Empfang in der diplomatischen Vertretung. Schdanow sorgte dafür, dass wir das Beste bekamen und ein Separee, in dem sonst der Botschafter Geheimnisträger empfing.

Weißt du noch und weißt du noch und weißt du noch. Schallendes Gelächter und Schulterklopfen.

Mitten in der Nacht, als alle anderen ins Bett gehen wollten und der Saal geräumt wurde, fanden wir noch eine Bar am See.

Dann aber war es Zeit, dass auch wir in die Heia kamen. Schdanow wollte mich nach Hause bringen. Bis zur Rhonebrücke ließ ich es zu. Dann brachte ich ihn wieder zu seiner Vertretung zurück.

Das wollte er aber auf keinen Fall gelten lassen. Er brachte mich wieder bis zur Rhonebrücke zurück und ich ihn dann wieder zum Sowjetpalast.

Wie bei Dostojewski, dessen Helden sich ja auch hin- und herbegleiteten, durch die weißen Nächte von Sankt Petersburg.

Dann war aber Schluss. Wir umarmten uns. Zum zwanzigsten Mal. Ich bekam sogar einen russischen Kuss, seine Stoppelbacke kratzte meine.

Dann fiel es mir ein und ich fragte ihn: »Schdanow, kannst du dich noch an die Babuschkas von Nairobi erinnern?«

»Natürlich.«

»Und was die eine dir gesagt hat?«

»Fritz, daran denke ich jeden Abend.« Und weg war er.

Das breite Kreuz auf dem Kilimandscharo

Wenn ich in Tansania Gruppen besuchte, wohnte ich oft im YMCA-Hotel direkt unter dem Kilimandscharo, dem gewaltigen Berg, der aus der Ebene bis auf 6008 Meter hochsteigt.

Im unteren Gürtel leben die Chaggas mit ihren Bananen- und Bohnenpflanzungen. Darüber ist dichter Regenwald. Auf den Hochmooren und Steinfeldern thronen die drei Gipfel. Das Shiraplateau, flach. Der Mawenzi, bröckelig. Der Kibo, ein ehemaliger Vulkan mit Schneerand. Als das der deutsche Missionar Krapf im 19. Jahrhundert in Europa erzählte, glaubte man ihm kein Wort.

Der Regenwald ist so dicht, dass man nur mit einem Hackmesser durchkommt. Einmal stürzte dort ein Drachenflieger ab. Wir sahen genau, wo er herunterkam, doch wir fanden ihn nicht mehr wieder.

Ich hatte einen Freund, der Wilderer und Fallensteller in den Wäldern des Bergmassivs war. Eliaudi hieß er. Das bedeutete irgendetwas mit Gott. Sonst war er auch noch Kirchenältester und strammer Lutheraner. Mit dem hackte ich mich durch die Wälder, wenn ich Zeit hatte. Manchmal kam auch meine Familie mit.

Aber ich wollte immer ganz nach oben gehen und fragte Eliaudi, ob er mich nicht mal begleiten würde.

»Was willst du denn da? Da gibt es nichts zu jagen und zu kaufen.«

»Wegen der Aussicht.«

»Aber die kannst du doch auch von hier unten sehen.«

Aber ich gab nicht nach, bis er endlich sagte: »Gehen wir rauf.

Du musst dir aber in Nairobi warme Klamotten besorgen. Da oben ist es kalt.«

»Für dich auch?«

»Ne, ne, ich bin das gewohnt und hab ja auch einen Mantel von euch.« Er überlegte: »Also, du kommst zu meiner Hütte, isst bei uns Mittag und danach klettern wir hoch, an einem Nachmittag und dann noch das letzte Stück in der Nacht.«

»Aber die Touristen brauchen doch fünf Tage für den Trip.«

»Ja, ja, den Coca-Cola-Weg mit den drei Hütten. Brauchen wir nicht. Wir gehen von uns aus steil hoch. Ohne Umwege.«

Ich nickte dazu, fühlte mich stark und wunderbar. In Nairobi deckte ich mich ein: Bergstiefel, Socken, lange Unterhosen, Wollhemd, Pullover, Fäustlinge, Parka, Gesichtsschal, Russenmütze, Wanderstock.

Ich fuhr zu dem Berg hin, ließ meinen Wagen bei Bekannten stehen, die mich bemitleideten, als sie hörten, wohin ich wollte, und marschierte zu Eliaudi hoch. Aber nicht weit. Schon hier unten stieg der Weg steil an und ich musste oft eine Pause einlegen, verschnaufen und den schweren Rucksack absetzen.

Es war der Samstag vor dem ersten Advent.

Ich war eigentlich schon kaputt, als ich bei Eliaudi ankam. Die Frau hatte für mich extra Mtori gekocht. Bananen und Ziegenfleisch, mit etwas Blut und Salz, ein flüssiger Brei. Dazu gab es frisches Quellwasser. Es schmeckte.

Eliaudi redete nicht viel, die Frau noch weniger. Nur wenn sie beteten, änderte sich das. Da kam auch die Frau aus ihrer Schüchternheit heraus.

Dann ging es los. Eliaudi packte sich meinen Rucksack auf die Schultern. Ich protestierte, er war doch viel kleiner als ich.

»Lass man, Fritz, ich kenne mich mit dem Berg besser aus. Ich klettere jeden Tag hier hoch.«

Der Hund kam auch mit. Der hieß nur »Hund«. Eine Spezialmischung aus wilden und zahmen Rassen. Er spürte jedes Wild auf und warnte Eliaudi, ohne zu bellen. Mich kannte er schon und wedelte mit dem Schwanz, weil ich ihm nie Befehle gab oder ihn trat.

Wahnsinnsanstieg

Direkt hinter der Hütte begann der Aufstieg: steil. Nach wenigen Schritten waren wir in den Urwald eingetaucht. Affen tobten, Vögel schrien, der Hund duckte sich. Kleinholz regnete herunter.

Wir mussten aufpassen. Im dichten, vermodernden Laub versteckten sich Schlangen, auch Pythons, die sich hochbuckelten, den Eindringling zum Stolpern brachten, mit dem Schwanz zuschlugen und ihm die Knochen zerbrachen, ehe sie ihn fraßen. So genannte Würgeschlangen. Aber die gefährlichen konnten auch wie Lianen von den Ästen hängen.

Eliaudi musste unseren Pfad durch das dichte Gestrüpp schlagen. Ich trottete hinterher. Wir stiegen auf einem schmalen Grat hoch, zwischen zwei tiefen Schluchten. Die hatte glühende Lava in den Berghang gegraben.

Über dem Pfad dicke Wurzelwülste, über die ich immer wieder stolperte. Heiß und feucht war es unter dem dichten Laub. Kaum ein Fetzen Sonne. Mir lief der Schweiß überallhin: in die Augen und in die Socken.

Während Eliaudi losrannte, hechelte ich hinterher. »Pole, pole«, rief er mir zu. Langsam, langsam. Aber dann rannte er wieder weiter. Auch nicht gerade ermutigend, wenn er auf mich wartete. Dann dachte ich: Wenn ich ihn erreiche, lege ich eine

Pause ein. Doch wenn ich ihn endlich und fast ohne Puste erreichte, zog er wieder ab.

Bei einer meiner vielen Rasten blieb ich unter einem Baum stehen, obwohl Eliaudi warnte: »Geh weiter.«

In diesem Baum nisteten hunderte von Schwirrvögeln. Da ich sie wohl störte, rächten sie sich und bekleckerten mich von oben bis unten. Gut, dass Eliaudi mein Gepäck trug.

Während ich kaum Luft bekam, fing Eliaudi an Adventslieder zu singen. Deutsche, genauer: lutherische, in Swahili übersetzt.

Das klang mir wie Hohn: »Macht hoch die Tür«, während ich kaum Luft bekam. Immer wieder diese offene Tür. Jetzt allerdings etwas penetrant.

Eliaudi wunderte sich, weil ich nicht mitsang. Sonst war ich doch immer fröhlich dabei. Ich hatte Durst und unten rauschte höhnisch ein Gebirgsbach. Doch ich traute mich nicht den dicht bewachsenen Steilhang hinunter. Ich wäre nie wieder hochgekommen.

Jetzt musste ich immer in die Baumkronen hochsehen, ehe ich eine Pause einlegte. Von wegen der Schwirrvögel. Herrlicher Gestank an mir aus Schweiß und Schwirrvogelbeize. Den Hund störte das nicht. Er kam immer wieder treu zu mir zurück und leckte mich tröstend.

Pause. Weiter, mehr Schleppen als Gehen. Und der Kerl sang Adventslieder. Im Prinzip habe ich nichts gegen sie. Ich singe sie selbst sehr gern, doch hier beim Anstieg waren sie einfach ein Hohn. »Es kommt ein Schiff geladen« auf dem Kilimandscharo und vor allem »Macht hoch die Tür«.

Aber ich konnte ihm das ja nicht verbieten. Was für ein Wahnsinn, dass ich mich darauf eingelassen hatte! Auf diese Tortur. Den Kilimandscharo an einem Nachmittag machen, was für eine

Idiotie, mit meiner Kondition und dem Bauch. Eliaudi kletterte wie eine Gämse hoch, während ich nur noch japste und schnaufte.

Nach einer Auflichtung zu einer Art von Knüppelwald ohne Laub, in dem die nackten Stämme wie Knochen gegeneinander knüppelten, hörte der Urwald plötzlich auf.

Vor uns lag ein Sumpfgebiet, leicht ansteigend, wie ich meinte, dahinter Geröll. In fast greifbarer Nähe dann der Sockel des Kibo mit dem Krater obendrauf. Das sah so aus, als ob nun der Spaziergang beginnen würde. Ich dachte sogar daran, in die Adventschoräle mit einzustimmen.

Doch der Weg versackte immer wieder im Morast. Während der leichte, schnelle Eliaudi darüber zu fliegen schien, sackte ich immer wieder weg. Jeder Gebirgswanderer weiß es - die Nähe des Gipfels täuscht. Die Perspektive gaukelt einem da etwas vor.

Stunden noch bis an den Sockel. Die Luft so dünn, dass sie kaum noch Sauerstoff hergab.

Der Hund tobte über die freie Fläche, streckte vor Wonne alle viere von sich, zerdrückte seine Flöhe beim Hin- und Herwälzen. Eliaudi sang Adventslieder in allen Variationen. Und das in dieser Hitze.

Das mit der leicht ansteigenden Fläche bis an den Sockel stimmte auch nicht. Zwischendurch mussten wir immer wieder durch Schluchten, tief eingegrabene. Hinunter und erbärmlich wieder hinauf.

Es sah komisch aus: Plötzlich verschwand Eliaudi. Ich dachte schon, er wäre abgestürzt. Doch dann erreichte ich die Schlucht und sah ihn schon unten den Bach kreuzen.

Mir wurde klar, dass ich die Spitze des Berges nie erreichen würde. Meine Kräfte waren schon hier unten zu Ende. Ich raffte alles zusammen, was in mir war. Wenigstens den Sockel wollte ich erreichen und ihn anfassen.

Eliaudi, der Schweiger und Sänger, sagte: »Bruder Fritz. Pole. Wir haben noch viel Zeit. Wir haben es nicht mehr weit bis zu unserem Rastplatz. Da machen wir eine lange Pause. Da können wir schlafen. Da werden wir etwas essen.«

Leicht und vergänglich wie die Wolken

Endlich der Sockel. Ich ließ mich nach hinten fallen und lehnte mich gegen den steilen, feuchten Fels. Direkt über mir der Gipfel, doch noch ein wenig weit weg. Eine Quelle trat aus dem Fels. Ich trank, wusch mir das Gesicht und die Arme. Eliaudi ließ meinen Rucksack fallen, das Holz, das er mitgeschleppt hatte, und so etwas wie einen Minigrill.

Er setzte sich noch nicht einmal. »Ich hole was zum Essen«, sagte er, »muss ich jetzt tun, sonst wird es dunkel.« Er haute mit dem Hund ab.

Natürlich gab es hier oben keinen Aldi oder sonst einen Laden. Von Getier, was man hätte fangen können, war auch nichts zu sehen. Noch nicht einmal ein Vogel. Viel zu hoch, fast 5000 Meter.

So langsam kam ich wieder zu mir. Das Wasser und Sitzen taten gut. Ich konnte nun auch die Aussicht genießen. Direkt unter mir lag die Stadt Moshi. Rechts der Mount Meru und dahinter die Serengeti-Steppe. Links, hinter einem Steppengebiet, die Usambaraberge, wo die berühmten Veilchen wuchsen. Voraus die fast unendlich erscheinende Steppe Tansanias, die bis an die Grenze Sambias reicht.

Aber im Hintergrund lag auch ein Sumpf- und Seengebiet. Aus dem Dunst und Nebel stiegen Nebelstreifen hoch, verdichteten sich weiter oben zu Wolken. Ich hatte so etwas noch nie gesehen.

Diese Wölkchen wurden von einer leichten Brise zusammengeschoben und verdichteten sich zu Schäfchen- und Schönwetterwolken. Lustige Gebilde. Ich sah zu, wie sie über die Ebene segelten, als ob sie für eine lange Zeit schönes Wetter bringen würden.

So fröhlich erreichten sie den Kilimandscharo, der sich, ein breites Gebirge, gegen sie stellte. Sie versuchten an seinen steilen Flanken hochzusteigen. Sie kamen an dem Brocken nicht vorbei.

Dabei wurden die schönen Wolken immer weniger. Sie verloren beim Ansteigen alle Kraft und fingen an, sich aufzulösen. Erst noch in Wolkenknöllchen, dann waren sie nur noch Fäden.

Meine Höhe erreichte nichts mehr von ihnen. Ich sah zu, wie Wolken entstanden, fröhlich über die Ebene segelten und sich hier am Berg in nichts auflösten.

Erst fand ich diesen Anblick ganz amüsant, doch plötzlich packte mich ein Gedanke, der gar nicht schön war.

Ist das so mit dem Leben im Allgemeinen und mit unserem im Besonderen? Wir entstehen aus einer morastigen Flüssigkeit, einmal brutal ausgedrückt. Wir wachsen und gedeihen. Wir schweben über die Erde. Wir nehmen zu, werden dick und rund. Dann alt, viel zu schnell alt, nehmen ab, lösen uns in Nichts auf.

Ist unser Glaube an das ewige Leben nicht aus unserer furchtbaren Angst vor dem Tod, genauer gesagt, vor dem nichts entstanden?

So sollte ich doch eigentlich nicht denken, als professioneller Christ. Aber ich konnte nicht anders. Ich predige Auferstehung, die offene Tür, auch zum ewigen Leben, und hier bekomme ich auf einmal furchtbare Angst.

Mir fiel dann auch noch einer meiner Physiklehrer ein, der

Köster. Der hatte uns Jungen alle im Laboratorium um eine Metallflasche mit Gas versammelt. Er öffnete das Ventil ein wenig und ließ Gas ausströmen. Nur kurz. Wir rochen das Gas, aber nach einem Moment war der Geruch weg.

»Lasst euch nichts vormachen, Jungens«, sagte der Köster. »So ist das Leben. Und nicht mehr. Ein winziger Moment in den Milliarden Jahren des Alls. Ein Nichts sind wir. Und nichts mehr. Und ein Nichts werden wir wieder. Jungens, tut mir Leid, aber so ist es. Kein Himmel, alles klar? Keine Hölle.«

Das hatte mich damals schlimm gepackt, weil ich an ein ewiges Leben zu glauben versuchte, obwohl mein Vater nichts davon hielt. Und dann war alles kaputt.

Das musste mir dann auch noch hier einfallen. War das denn alles umsonst, Unsinn, was ich anderen Menschen zum Trost erzählte?

Da kam Eliaudi wieder zurück. Ich erzählte ihm die Sache mit den Wolken und dem Gas und Köster. Er hörte verwundert und dann kopfschüttelnd zu.

»Aber Fritz, wie kannst du nur so etwas denken? Wir sind doch keine Wolken! Wir kommen doch nicht aus dem Sumpf, sondern aus dem Leib unserer Mutter. Wir sind da, weil unsere Eltern sich so liebten. Alle ihre Liebe ist in uns drin, doch kein Nebel.

Wolken – wie kannst du uns nur mit Wolken vergleichen? Wir Menschen haben doch Freunde, können andere Menschen lieben und die uns auch. So ein Quatsch, uns mit Wolken zu vergleichen!«

Ich sah ihn an. Er überzeugte mich nicht. So ein frommer Junge vom Berg, ein so genannter Hillbilly, der konnte doch nicht anders denken. Ich kam von den Bildern und Gedanken nicht los.

Ziegenwürstchen

Eliaudi hatte mit seinem Hund ein Murmeltier gefangen. Eine Art Ratte, nur größer. Angeblich gehörte dieses Tier zur Gattung der Elefanten. Unglaublich. Eliaudi zog ihm das Fell ab und warf es dem Hund als Kaugummi vor. Der beschäftigte sich sofort damit. Seine Schmatz- und Beißlaute regten nicht gerade meinen Appetit an.

Eliaudi nahm das Tier aus und steckte alles in die Därme, die er nur oberflächlich ausgewaschen hatte. Alles kam hinein: Herz, Lunge, Leber und was es sonst noch im Inneren eines Tieres gibt.

Diese Würstchen wurden mit dem Rumpf, dem Kopf und den Beinen des Tieres über dem zuckenden Feuerchen gegrillt. Schließlich waren sie nicht so richtig durch, aber essbar. Salz und sonstige Gewürze hatte er vergessen. Machte aber nichts. Aber dafür hatte er Maisbrei mitgebracht, so genannten Ugali. Den wärmte er auch über dem Feuerchen auf.

Alle meine Freunde wissen, dass ich gerne Wurst esse. Aber ich bin sehr vorsichtig mit den Würsten geworden. Einmal war ich zu einer Konfirmation eingeladen. Wir saßen alle unter dem Sternenhimmel Kenias, im Rif Valley, und sahen zu, wie der Ziegenbock und die Würste gegrillt wurden. Neben mir auf dem Boden, an die Hüttenwand gelehnt, saß ein alter Mann. Der Älteste und die Respektsperson der Sippe. Mit dem höchsten Ehrentitel, den ein Mann bekommen kann, und wie sich auch Kenyatta, der Präsident des Landes, nannte: Mzee, der Alte.

Er besaß nur noch einen Zahn, mit dem er mich immer freundlich anlächelte.

Dann waren die Würste fertig. Mzee bekam die dickste, ich die fettigste. Voller Vorfreude biss ich hinein. Erster Biss okay.

Keine besonderen Vorkommnisse. Sehnen und Knöchelchen waren auch dabei, aber die schaden dem Magen nicht. Und wenn man sie nicht will, kann man sie einfach ausspucken.

Aber beim zweiten Biss bekam ich etwas Glitschiges zwischen die Zähne. Ich versuchte es zu zerbeißen, doch es rutschte immer wieder weg. Was war das denn?

Noch ein Versuch. Dann ließ ich es auf meine Hand fallen und Mzee sah aufmerksam zu.

Ich traute meinen Augen nicht. Es war ein Ziegenauge. Ich wollte es schon dem Hund vorwerfen, da fragte mich Mzee: »Isst du denn keine Ziegenaugen?«

»Nein, normalerweise nicht.«

»Dann gib mal her.«

Ich gab ihm das Ziegenauge. Mit einem Schwups landete es in seinem Mund und ich höre noch heute das Geräusch, das seinen Biss begleitete.

In Eliaudis Ziegenwürsten befanden sich keine Ziegenaugen. An dem Fleisch des zähen Murmeltieres musste ich jedoch so hart kauen wie der Hund an dem Fell.

Schlafen im Fels

Als die Sonne plötzlich verschwand, sagte Eliaudi: »Wir schlafen bis Mitternacht und dann klettern wir hoch.«

»Aber dann sehe ich doch gar nichts.«

»Ist besser so. Dann siehst du nicht, wie steil es ist. Ich habe eine Taschenlampe und kenne mich am Steilhang ganz gut aus. Ich hab da schon Leute runtergeschleppt, die oben einen Höhenkoller kriegten oder sich was gebrochen haben.«

»Wo schlafen wir denn, Eliaudi?«

Er zeigte mit dem Daumen nach hinten.

Ich sah nur die nackte Felswand. Er drückte seinen Daumen etwas nach unten.

Da entdeckte ich einen Felsspalt, der so schmal aussah, dass ich bezweifelte, dort meine Beine hineinzubekommen, ganz zu schweigen vom Oberkörper.

»Du passt schon rein, Fritz. Ich habe da schon öfters geschlafen. Allerdings musst du mit dem Rücken und Kopf zuerst reinkriechen. Umdrehen kannst du dich darin nicht mehr. Ich passe dann auch noch rein.«

Ich tat, wie er befohlen hatte. Mit der Stirn immer knapp am scharfen und kalten Fels entlang. Nur meine Beine bekam ich nicht ganz herein. Von den Knien ab blieben sie draußen.

Eliaudi legte Reisig nach und kam in den Spalt gekrochen. Der Hund blieb draußen und beschäftigte sich mit seinem Kaugummi.

In dem Spalt lag dick Heu. Es roch zwar ein wenig nach Pipi, doch es war sehr gemütlich und warm darauf.

»Eliaudi, das finde ich toll von dir, dass du hier das Heu hineingepackt hast.«

»Habe ich nicht getan.«

»Wer denn?«

»Der Besitzer.«

»Und wer ist der Besitzer?«

»Ein Leopard.«

»Ein Leopard«, wollte ich erschrocken hochfahren und rammte meinen Kopf gegen den Fels. »Und wenn der nachts kommt?«

»Der kommt nicht.«

»Warum denn nicht?«

»Weil wir ein Feuer draußen haben. Wilde Tiere scheuen

sich vor einem Feuer, weil sie sich dagegen nicht wehren können.«

»Und wenn das Feuerchen erlischt?«

»Das spüre ich sofort, weil ich meine nackten Fußsohlen dagegen halte. Wenn die kalt werden, krieche ich raus und lege nach.«

Diese lange Rede von Eliaudi beruhigte mich überhaupt nicht. Ich versuchte mein Unbehagen – man kann es auch Angst nennen – unter Kontrolle zu bekommen. Erst einmal durch ein langes Nachtgebet. So was beruhigt. Als ich Amen dachte, war Eliaudi schon tief eingeschlafen und schnarchte zufrieden vor sich hin.

Ich konnte nicht einschlafen. Das Feuerchen schreckte weder eine Maus noch einen Leoparden ab. Konnte ich mir nicht vorstellen. Dann wurde der Hund auch noch unruhig, wimmerte und kroch in unsere Höhle hinein. Wenn die doch wenigstens eine Tür gehabt hätte!

Ich meinte auch das Fauchen des Leoparden zu hören.

Falls der kommt, dachte ich, wird er deine Beine zuerst sehen. Die sind länger als die von Eliaudi, die Waden fleischiger, und vor allem sind sie weiß, nicht dunkelbraun getarnt.

Immer wieder zuckte ich aus meinem flachen Schlafversuch auf, weil ich meinte, einer würde an meinen Zehen knabbern.

Ich wollte schon aus der Höhle kriechen, doch dann hätte ich mich vor Eliaudi blamiert. Ich brauchte auch den Schlaf, sonst konnte ich den Anstieg vergessen.

Als ich Eliaudi schon wecken wollte, weil das Feuerchen total heruntergebrannt war, wurde er selbst wach, kroch hinaus, legte nach und schlief sofort wieder ein.

Ich muss dann doch auch eingeschlafen sein.

Warum quäle ich mich so?

Um Mitternacht weckte mich Eliaudi. Ich hatte dann doch tief geschlafen. Ich zog mich dick an, während er nur mit einem dünnen Übergangsmantel, dünnen, geflickten Hosen und Latschen an den nackten Füßen bekleidet war.

Der heiße Tee mit viel Zucker und Milch zusammen gekocht tat gut und gab Kräfte. Erster Advent. Eliaudi hielt eine längere Andacht, betete noch länger, sang »Macht hoch die Tür«, während ich ziemlich stumpfsinnig dabeisaß. Mir stand der Sinn nicht nach Advent.

Nur noch wenige Sterne blinkten vom nahen Himmel herunter. Wolken zogen auf. Es roch nach Schnee. Schnee beim Klettern ist bestimmt nicht das Ideale. Noch ein Stoßgebet zum Himmel, trotz Wolken und einem Augenblick im Weltall: »Lieber Gott, lass ein Wunder geschehen. Lass mich da raufkommen. Amen.«

Es ging sofort steil in den hochragenden Fels. Im Zickzack, denn anders war da kein Raufkommen. Schon nach wenigen Schritten musste ich nach Luft japsen. Kurze Pause.

»Pole, pole.« Das war Eliaudi. Er wartete auf mich. Noch ein Versuch. Jede Anstrengung tat in den Lungen weh. Der Hund war zurückgeblieben. Den brauchte Eliaudi nicht.

Zickzack, zickzack. Pause. Als ich mich so langsam an das Steigen gewöhnte, gab plötzlich der Boden unter mir nach und ich rutschte ab. Konnte mich gerade noch abfangen. Lavastaub. Erbärmlich. Zwei Schritte vor, einer zurück. Und dann rutschte ich auch noch von dem erreichten Zack wieder auf den Zick zurück. Ich musste fester auftreten. Das fiel mir schon schwer genug.

Weiter. Eliaudi hoch über mir. Es hatte angefangen, stark zu schneien. Ich brach in eine Schneewehe ein. Ich hoffte, dass Eliaudi aufgeben würde. Ich sah kaum noch etwas. Doch er stieg weiter hoch.

Ich versuchte mich zusammenzureißen. Japste mit offenem Mund nach Luft, die eiskalt in mich eindrang. Nicht zu viele Pausen. Wenigstens hundert Schritte machen, wenn auch kleine.

Erst versuchte ich noch bis hundert durchzuhalten. Dann betrog ich mich selbst und entwickelte eine neue Mathematik. Zählte noch einigermaßen regelmäßig bis zwanzig und fing dann an zu springen. 35, 41, 60, 73, 91, 92, 100. Pause.

Und noch kürzere hundert Meter. Eliaudi wartete geduldig. Er stapfte mir eine Spur durch den Schnee. Aber ich sah kaum noch den Schein seiner Taschenlampe.

Ihm schien das Ansteigen kaum Schwierigkeiten zu bereiten. Er begann schon wieder Adventslieder zu singen.

Ich quälte mich schrittweise hoch. Ich wusste nicht mehr, warum ich mir das antat.

Mein Zählen wurde immer mehr zu einem Taumeln ohne Kontrolle. Warum wollte ich unbedingt nach oben kommen? Aber aufgeben wollte ich noch nicht.

Nach unten hin war alles wie abgebrochen, unter Schneetreiben und Nebel. Wie ein Loch, wie ein Nichts, lag das alles unter mir. Sollte ich mich einfach fallen lassen?

1 - 27 - 98 - 99 - 100.

Er wartete auf mich. Ließ mich auf dem Stock ausruhen. Kaum konnte ich wieder einigermaßen nach Luft schnappen, da ging es weiter.

Weiter? Höchstens zehn Schritte. Pause. Wir hätten doch den Coca-Cola-Weg gehen sollen, mit bewirtschafteten Hütten und Menschen, die hier auch aufgegeben hätten. Aber jetzt war es zu spät.

Ich dachte auch daran, mich einfach abrutschen zu lassen. Tat es dann doch nicht. Aber ich konnte kaum noch auf den Füßen stehen. Meine Beine wollten nachgeben. Die zitterten. Beim Weitersteigen hörte das wenigstens auf.

Es war wie im Krieg, bei meiner Flucht vor den Russen. Da konnte ich eigentlich auch nicht mehr. Und dann in der Gefangenschaft, wo alle um mich herum aufgaben und wegstarben.

Aufraffen, wieder ein paar Schritte. Pause. Eliaudi meckerte nicht. Er trieb mich nicht an. Ich versuchte schneller zu gehen. Doch ich bekam das Bein kaum noch hoch.

Noch mehr Schnee, das war doch Wahnsinn. Nur noch drei, vier Schritte, dann war ich am Ende. Dann wollte ich mich einfach fallen lassen, in die Nacht, in das Nichts.

Aber irgendwie stolperte ich weiter. Eliaudi wartete auf mich. Nicht mehr weit, log er. Ich wusste, dass es noch sehr weit war. Aber Afrikaner können einem keine schlechte Nachricht sagen.

Ich zählte nicht mehr. Die Augen wollten mir immer wieder zufallen. Ich konnte überhaupt nichts mehr denken. Ich fiel nur noch nach oben. Schwankschrittchen. Pause, gegen die Nacht in mir ankämpfen, die sich ausbreiten wollte. Aber wie lange noch?

Es hatte doch keinen Sinn. Eliaudi stieg nur noch ein paar Schritte weiter, dann wartete er auf mich. Das musste dem doch auch auf die Nerven gehen. Doch er zeigte es nicht. Er hatte alle Ruhe der Welt. Das mit den Adventsliedern hatte er eingestellt. Er spürte wohl, dass die nicht gerade erbaulich für mich waren.

Nun schaffte ich kaum noch zwei Schritte.

Da tat sich plötzlich ein schwarzes Loch vor mir auf. Eliaudi stand daneben. Oder träumte ich es?

Ganz egal, ich ließ mich hineinfallen und in eine tiefe Ohnmacht. Ich spürte noch einen leichten Schmerz vom Aufprall auf den Fels, dann war ich weg.

»Ich schlepp dich hoch.«

Eliaudi versuchte mich sanft zu wecken. Doch ich wollte nicht reagieren. Da rüttelte er mich wach.

»Fritz, wir müssen weiter!«

»Ich kann nicht.«

»Wir müssen weiter.« Sogar das Sprechen fiel mir schwer. »Eliaudi, geh du weiter. Ich schlaf hier.«

»Das geht nicht. Dann erfrierst du.«

»Oder ich gehe zurück.«

»Dann brichst du dir alle Knochen. Du kennst den Weg nicht und da sind Abgründe.«

»Eliaudi, mir tut es so Leid. Ich habe dich überredet, aber ich kann wirklich nicht mehr. Lass uns zurückgehen.«

Er antwortete nicht. Dann nach einer Weile: »Nein, Fritz. Du hast dich so auf den Berg gefreut. Nun sind wir fast oben. Ich bringe dich hoch. Du schaffst es schon.«

»Eliaudi, ich bin wirklich am Ende. Ich kann keinen Schritt mehr. Ich weiß nicht, wie ich runterkommen soll, geschweige denn nach oben. Ich kann noch nicht mal vernünftig sprechen. Ich bin am Ende.«

Wieder nach einer Pause: »Fritz, wir versuchen es. Wenn du nicht mehr kannst – ich lass dich nicht im Stich. Ich schlepp dich hoch. Wenn du nicht mehr kannst, trage ich dich, auch runter. Komm.«

Ich sah ihn im Licht der Taschenlampe. Der kleine, aber drahtige Kerl. Ich kannte ihn, ich wusste, der lässt keinen Menschen liegen. Der wird mich tatsächlich hochschleppen.

Wenn er das so sagte, dann musste ich es noch einmal versuchen. Wenigstens ein paar Schritte.

Ich drückte mich an der Höhlenwand hoch. Verschnaufen. Ging es wirklich weiter? Ich stützte mich mit einer Hand an der

Wand, in der anderen hielt ich den Stock. Ich kam bis draußen und der Schnee umhüllte mich, ein Fallwind warf mich fast um. Ich war ganz außer Atem. Eliaudi neben mir. Bereit, mich abzufangen. Aber ich ließ mich nicht fallen, obwohl der alte Adam es so wollte.

Ein Schritt nach draußen. Ich stand noch. Noch einer. Dann traute ich mich weiter hinaus. Eliaudi trampelte mir einen Pfad durch den Schnee, kam wieder zurück.

Ich schwankte noch, aber dann ging es besser. Er trampelte mir den Weg, dann kam er wieder zurück, blieb ganz dicht hinter mir. Ich würde in seine Arme fallen. Aber er half mir nicht direkt. Ich verstand ihn, es sollte nicht seine, sondern meine Besteigung werden.

Wie ich so vorwärts kroch, immer wieder stehen blieb. Aber er gab nicht auf, er drängte mich nicht. Er schien alle Zeit der Welt zu haben. Und alle Geduld mit mir.

Es ging steil hoch. Ich dachte, es könnte nicht mehr steiler gehen. Es ging steiler.

Ich verstehe nicht, dass ich überhaupt noch gehen kann. Der Körper gehorcht mir nicht mehr, er geht von selbst. Ich habe den Eindruck, ich gehe mit dem, was ich sonst noch bin, hinterher. Aber irgendwie komme ich doch voran.

Felsbrocken, die wir nicht umgehen, die wir überklettern müssen. Tut aber gut, auf allen vieren, dabei ruhen sich die Beine etwas aus. Auch das Atmen geht leichter. Ist es so oder bilde ich es mir nur ein? Ich bilde es mir gerne ein. Ich bleibe dabei.

Dann aber wieder stehen. Fällt mir so schwer wie dem Neandertaler. Ich würde lieber weiterkriechen. Schräg hoch, den Bergfuß belasten, fällt mir von irgendwoher ein.

Zu viel, der Fuß rutscht dabei weg.

Dann habe ich den Eindruck, es wird etwas flacher. Wird es wohl nicht. Aber der Schnee lässt langsam nach.

Eliaudi sagt: »Gleich sind wir da.« Sind wir aber nicht. Wir sind nun schon weiter geklettert als bis zur Höhle. Viel weiter, finde ich. Die Luft war dicker, als es schneite. Ich komme mir vor wie in einem abgeschlossenen Raum, von dem die Luft abgezogen wird.

Ich kann nur noch mit offenem Mund atmen. Die Kälte tut weh. Sie dringt bis in die Lungen.

Setzen darf ich mich nicht, dann komme ich nicht wieder hoch. Und Eliaudi soll mir nicht dabei helfen, ich will den Berg alleine besteigen, wenn schon. In Russland habe ich mich doch auch durch den Winter geschleppt und dann bin ich geflohen.

Pawelzik, du schaffst es schon!

Ein paar Schritte Auftrieb, doch dann wieder Wegsacken. Es nimmt und nimmt kein Ende.

Das breite Kreuz

Es wird noch steiler. Ich muss kriechen. Eliaudi aber auch. Weniger Schnee. Aber das, was noch da ist, klebt fest gefroren an den spitzen Lavazacken. Ich muss aufpassen, dass ich nicht abrutsche. Festen Halt suchen mit allen vier Gliedern. Dann mit der rechten Hand nach einer Haltemöglichkeit weiter oben suchen. Kriege ich zu fassen. Bein nachziehen, mit dem Fuß nach einem neuen Halt suchen. Dabei verflachender Atem.

Ich gebrauche alle meine Kraft, um etwas Luft in die Lungen zu bekommen. Dann aber habe ich plötzlich einen ganz breiten Halt. Für die Hand und sogar den Unterarm. Ich ziehe den linken Arm nach. Ich finde für beide Arme Halt. Ich will weiter nach oben greifen, aber da ist nichts mehr. Das kann doch nicht wahr sein? Wo bin ich denn hingeraten?

Ich ziehe den Oberkörper und die Beine nach. Ich liege über einer Brüstung. Oben ist nichts mehr. Ich komme mir vor, als ob ich über der Brüstung eines Balkons hänge.

Dann sehe ich es. Unter mir der Krater, mit Schnee und Eis. Über mir nichts mehr. Ich bin auf dem Kraterrand! Ich kann es nicht fassen. Ich rappele mich hoch. Erst sitze ich auf dem Kraterrand, dann stehe ich. Ich schreie auf vor Freude.

Eliaudi hat mich voraussteigen lassen. Mein toller Kumpel.

Noch ein paar hundert Meter am Kraterrand entlang, dann sind wir auf dem höchsten Punkt. Uhuru Peak.

Ich schleppe mich voran. Freihändig. Ich komme mir vor wie der erste Mensch bei seinen ersten Schritten.

Er will zwar immer wieder schlapp machen, der Körper, aber ich lasse ihn nicht. Ich bin oben.

Beim Schleichen über den Kraterrand geht die Sonne auf. Wie dicht sind wir an dem nun blauen Himmel dran. Die Sterne verblassen, die Schneewolken verschwinden in Richtung Kenia.

Dann sind wir ganz oben. Ganz, ganz oben, auf dem höchsten Punkt Afrikas. Ich kann mich nicht satt sehen. Die Welt sieht ganz anders aus. Der helle Tag, frisch wie am ersten Tag der Erde.

Eliaudi steht neben mir. Mir fällt das von gestern ein: »Eliaudi, wir sind doch keine Wolken. Ich habe einen Freund, ohne den wäre ich nicht hier heraufgekommen. Du hast mich raufgebracht. Du hast mir die Kraft gegeben.«

»Fritz, sicher, ich hätte dich auch auf mein Kreuz genommen, aber du hast es allein geschafft. Aber du weißt doch, da ist einer, der hat noch ein breiteres Kreuz als ich, der schleppt uns überallhin.«

Wusste ich wieder. Ich umarmte Eliaudi: »Ohne dich hätte ich es nicht geschafft.«

Er genierte sich dabei, er war es nicht gewohnt, von einem Mann umarmt zu werden. Aber ich hätte die ganze Welt umarmen können.

»Eliaudi, jetzt möchte ich auch ein Adventslied singen. Wie wäre es mit ›Tochter Zion‹ und ›Macht hoch die Tür‹?«

Wir stellten uns ganz dicht an den Rand und sangen aus voller Brust, mit vielen Hosiannas und Hallelujahs, wenn ich im Text nicht weiterwusste.

»Weißte was, Eliaudi, ich möchte gerne den Berg hinunterpinkeln.«

Das taten wir dann. Stolz wie kleine Jungen, wenigstens ich.

Offener Himmel über Aruba

Während wir in Genf wohnten, war ich für den CVJM weltweit unterwegs. Es machte Spaß, obwohl es anstrengend war. Ich sammelte Freunde überall. Eines Tages lag eine wunderbare Einladung auf meinem Tisch: aus Aruba in der Karibik. Dort sollte ich CVJM-Vereine besuchen und Mitarbeiterschulungen durchführen. Auch auf den Inseln Barbados und Trinidad und in Venezuelas Hauptstadt Caracas.

Das war etwas! Die ganze Familie war neidisch. Wir sahen uns auf dem Globus an, wo das genau lag.

»Papa«, rief unser Sohn Janne ganz begeistert, »dann musst du ja über das Bermudadreieck fliegen. Da ist immer was los. Flugzeuge stürzen ab, Schiffe versinken und keiner weiß, warum.«

Herrliche Aussichten! Dann kaufte er mir noch ein Buch auf meine Kosten, in dem detailliert beschrieben wurde, was sich an Bord ereignete, wenn die Katastrophe begann. Schon vorne auf dem Titelblatt sah es aus wie bei einem Inferno.

»Kannste ja lesen, wenn du über das Bermudadreieck fliegst«, meinte er aufmunternd und packte es mir in die Reisetasche.

Ich flog los. Nachts. Ruhig von Genf über Amsterdam. Über mir ein einladender Sternenhimmel. Ich kramte das Buch heraus, in der Überzeugung, dass eigentlich nichts mehr passieren konnte.

Mitten in der Nacht meldete sich der Pilot: »Wenn Sie noch wach sind, können Sie die Lichter der Bermudas sehen.«

Na also. Doch dann, wie bestellt, ein Windstoß, der das Flugzeug aus der Bahn warf.

Die leicht nervöse Stimme der überraschten Stewardess: »Bitte anschnallen, wir fliegen durch Turbulenzen.«

Sofort ging es los. Wie auf einer Achterbahn. Hinauf und hinunter, trudeln in den Abgrund, dann wieder hoch.

Blitze. Die Sterne waren alle weg und unter uns war auch nichts. Geräusche von Passagieren, die sich übergeben mussten. Mir wurde es auch übel.

Ich legte das Buch schnell weg. Das würde mich nicht ermuntern. Ich faltete die Hände und versuchte zu beten, aber das beruhigte mich auch nicht, weil ich dauernd in die wilde Nacht sehen musste.

Das Unwetter ließ nicht nach. Im Gegenteil, es nahm noch zu. Das Licht im Flugzeug wurde gedämpft, auch kein gutes Zeichen. Die Stewardessen mussten sich anschnallen. Befehl vom Kapitän. War auch nicht besonders einfühlsam, uns das über die Lautsprecher wissen zu lassen.

Ich versuchte cool zu sein und zu schlafen. Ging natürlich nicht. Die Sprünge ließen mein Herz immer wieder schneller schlagen.

Mehrere Male war es so, als ob das Flugzeug gegen eine Wand prallte. Dann sprang die Schnauze plötzlich hoch und wir stürzten über eine Tragfläche wieder hinunter.

Die Bibel hopste in meinen Händen herum und ich konnte mich nicht konzentrieren. Meine Nachbarin, eine ältere Frau, bat: »Hören Sie doch auf damit. Das sieht doch nach Beerdigung aus!«

Schlimmer und noch schlimmer. Und immer noch Nacht.

Dann polterten wir zur Landung hinunter. Ich dachte, besser auf festen Boden zu stürzen als ins Meer. Aber wie sollten wir da hinunterkommen? Die Blitze waren jetzt auf unserer Höhe. Die Wolken kamen auf uns zu, als ob sie uns zusammenquetschen wollten.

Der Anflug dauerte unendlich lange. Draußen musste jetzt eigentlich Tag sein, doch um uns herum herrschte ägyptische Finsternis. Weder oben noch unten Lichter.

Stoßgebete wie ein Kind.

Obwohl das Fahrwerk ausgefahren wurde, sah ich keinen Fetzen Erde. Doch dann plötzlich sah ich Lichter und nassen Beton. Ziemlich hart setzten wir auf. Wir hatten festen Boden unter den Füßen!

Aufatmen. Die Frau neben mir sagte: »So, jetzt bin ich da, aber ich weiß nicht, ob ich noch einmal fliegen werde.«

Ich wäre am liebsten auch mit ausgestiegen, doch wir Transitpassagiere mussten im Flugzeug bleiben.

Sturmböen packten uns auch, während wir warteten. Ich hätte gar nichts dagegen gehabt, wenn der Pilot den Ausgang des schlechten Wetters abgewartet hätte.

Doch wir starteten. Als ob wir alle Selbstmörder wären. Was für ein Anlauf gegen die Wolkenwand! Wieder tiefste Nacht und ein Schütteln und Rütteln, dass ich mir schon die Ohren zuhalten wollte.

Sicher hatten auch Transitpassagiere die Maschine verlassen. Sie sah so leer aus, als ob nur Selbstmordkandidaten darin sitzen geblieben wären. Da gab ich auf. Ich konnte doch sowieso nichts dagegen machen. Eine stoische Ruhe breitete sich in mir aus. Fast eine Gelassenheit. Wie immer bei mir, wenn die Gefahr kaum noch zu ertragen ist. Dann werde ich immer ganz ruhig. Sogar tapfer. So war es auch im Krieg und auch bei den Revolutionen in Ghana und Uganda. Erst hatte ich mir vor Angst fast in die Hosen gemacht und dann auf einmal war die Todesangst überwunden und ich benahm mich beinahe wie ein Held im Kino.

So auch jetzt. War ja alles egal. Arrivederci. »Che sarà, sarà«, was wird sein? Kein Mensch weiß es.

Ich faltete die Hände brav zusammen, schloss die Augen und tat so, als ob ich schlafen würde.

»Stern der Karibik«

Wie, träumte ich das? Auf einmal lagen wir flach in der Luft. Kein Ruckeln mehr. Die Turbinen liefen gleichmäßig. Ich traute mich langsam die Augen zu öffnen.

Draußen strahlender Tag. Keine Wolke am blauen Himmel. Die Stewardessen stelzten wieder fröhlich durch die Gänge wie Gazellen, als ob nichts passiert wäre.

Ich sah aus dem Fenster hinaus. Unten das hellblaue Meer. Man sah noch nicht einmal mehr Schaumkronen. Ich musste doch geschlafen haben, nach der durchgeschüttelten Nacht.

Eine Insel. Boote. Dann wieder das Signal zum Anschnallen, aber dieses Mal nicht wegen Turbulenzen, sondern weil wir auf Aruba landen würden.

Ich sah die Insel von oben. Konnte sie mit einem Blick erfassen. Herrlicher Strand, Palmen am Rand entlang. Die Wipfel in eine Richtung vom Wind gebogen, der fast immer aus der gleichen Richtung kam.

Ich hatte etwas über die Insel gelesen: kein Wasser. Aus dem Meerwasser wird gewonnen, was die Menschen brauchen. Bier und Cola werden auch daraus hergestellt.

Papiamento war die Sprache der damaligen niederländischen Kolonie. Eine Mischung aus vielen Sprachen: Kreolisch, Karibisch, Indio, Spanisch, Niederländisch, Indisch, sogar Chinesisch. So gemischt wie die Bevölkerung.

Sanfte Landung wie auf einem Teppich. Ich hätte den Boden küssen können. Aber ich tat so, als ob nichts gewesen wäre.

Schnell durch den Zoll mit meiner Segeltuchtasche. Die Halle leerte sich augenblicklich. Ich blieb allein mittendrin stehen. Während ich den Einladungsbrief aus meiner Tasche kramte, kam eine Stewardess auf mich zu. Wie aus einem Märchen oder vom Laufsteg. So hübsch, so braun, mit lächelnden Augen.

»Kann ich Ihnen helfen?«, fragte sie mich auf Englisch.

»Ja, ich warte auf einen Mr. Guastavino vom YMCA.«

»Oh«, rief sie erfreut, »den kenne ich. Señor Jorge, natürlich kenne ich ihn. Jeder kennt ihn. Ich kann ihn anrufen.«

Als wir zu ihrem Schalter gingen, rief sie plötzlich: »Da kommt er schon!«

Ein kleiner Mann mit rutschenden Hosen und einer zu großen Brille kam auf mich zugelaufen. »Frietz!«, rief er. Er umarmte mich, klopfte mir auf die Schultern, er freute sich so, als ob ich gerade von den Toten auferstanden wäre.

Aber er übersah auch nicht die Stewardess, begrüßte sie wie seine Tochter, nahm dann meine Segeltuchtasche, lief eine Runde an allen Leuten in der Halle vorbei, grüßte jeden so, als ob sie alle zu seiner Verwandtschaft gehören würden, und eilte dann mit mir zu einem Auto, das im Halteverbot genau vor der Tür stand.

Ein Kleinbus wie vom Schrottplatz direkt in der Gischt des Meeres. Sogar das rote Dreieck des YMCA blätterte ab. Meine Tasche und ich wurden ins Innere verfrachtet, das eher einer Mischung von Schrottladen und YMCA-Rekrutierungsbüro glich. Überall Ersatzteile und Traktate. Ich wartete auf sein Einsteigen. Doch Jorge winkte zu den wartenden Taxifahrern hin und rief ihnen etwas zu. Die lachten und kamen dann zu uns gelaufen. Der Wagen musste angeschoben werden. Alle schienen sich zu freuen, dass sie das tun konnten. Dann fuhren wir los.

Jorge stellte mir ein paar Fragen, hatte von dem Unwetter und der Verspätung gehört, doch er kam gar nicht dazu mir zuzuhören. Immer wieder musste er winken und rufen. Jeder schien ihn zu grüßen und zu kennen.

Mehrere Male hielt er an, um Leute zu begrüßen, die uns dann auch halfen, die Klapperkiste wieder anzuschieben.

Ich bemühte mich so zu tun, als ob ich die Leute auch schon lange kennen würde. Ich spürte, ich war ihr Freund, weil Jorge es war.

Immer wieder hielten wir an, Jorge verschwand in einem Laden, in einer Einfahrt und grüßte Freunde. Genau wie meine Kollegen in Afrika. Wo Darwin immer sagte, wenn ich über die vielen Unterbrechungen meckerte: »Aber wir können doch nicht an meinen besten Freunden und CVJM-Mitgliedern vorbeifahren!«

»Und unser Termin?«

»Der ist nicht so wichtig wie Freundschaften!«

Genauso war es auf Aruba.

Endlich fuhren wir aus der Stadt heraus. Eine vierspurige Straße geleitete uns auf eine Batterie von Luxushotels zu. Riesenkästen, mit Neonschriftzügen. Von Palmen umgeben, die sicher aus Florida eingeführt worden waren. Ich konnte mir nicht vorstellen, dass Jorge sich dort wohl fühlen würde. Oder hatte er dort auch Freunde, die wir unbedingt noch besuchen mussten? Ich regte mich nicht mehr auf, ich war Afrika-trainiert.

Oder fuhren wir an den Hotels vorbei, um wieder in die normale Stadt einzutauchen? Doch auf Aruba gab es nur zwei. Etwa 28 000 Menschen wohnten dort. Auf der einen Seite die Hotels, auf der anderen eine riesige Ölraffinerie, in der das Rohöl aus Venezuela verarbeitet wurde. Der Geruch störte die Touristen nicht. Er wurde vom Wind meistens aufs Meer hinausgetrieben. Praktischerweise wurden auch die Abfälle ins Meer geworfen, um die Haifische vom Touristenstrand wegzulocken. Hatte ich alles gelesen. Doch Jorge fuhr die Rampe zu dem Hotel hoch, das den luxuriösesten Eindruck machte.

Hier besuchte er keinen, sondern er nahm meine Tasche und ging hinein. Ich folgte ihm überrascht. Das Foyer sah aus wie in Hollywood. Gold und Marmor. Dazu eine angenehm kühle Temperatur.

»Jorge!«, rief ich. »Hier kann ich nicht bleiben. Das zahlt der YMCA-Weltbund nie und nimmer. Das kann ich überhaupt nicht verantworten.«

Da traf Jorge schon wieder auf einen, den er kannte. Der sah so aus wie der Direktor des Hotels und war es auch, ein Amerikaner. Er hatte gehört, was ich Jorge zugerufen hatte, kam auf mich zu, schüttelte mir die Hand und sagte: »Herzlich willkommen im ›Stern der Karibik‹. Sie sind unser Gast. Der YMCA und Señor Jorge tun so viel für die Kinder unserer Mitarbeiter und für die ganze Insel, da ist es uns eine Ehre und Freude, Sie als unseren Gast begrüßen zu können. Essen und trinken Sie, was Sie wollen. Sie sind unser Gast.«

Jorge verschwand ziemlich schnell. Er wollte später wiederkommen, um mich zum Seminar abzuholen.

Der Chef persönlich und ein Träger fuhren mich bis zum Penthouse des Hotels hoch. Ein Gelass ganz aus Glas, bis aufs Dach. Gegen die Sonne konnte ich dichte Rollos herunterlassen.

»Unten ist der Strand. Dort geben Sie Ihren Schlüssel ab und bekommen Handtuch, Liegestuhl, Getränke, alles, was Sie wollen«, erklärte der Chef und war weg.

Paradies mit Evas

Erst einmal sah ich mir das alles an, wo ich hier hingeraten war. So hatte ich in meinem Leben noch nicht residiert. Der paradiesische Blick, fast rundherum. Glas. Aber so dick, dass keine Hitze hereinkam. Die Klimaanlage war auf eine Temperatur eingestellt wie im italienischen Frühling. Das Surren der Maschine war kaum zu hören.

Das Bad so groß, dass ich mit meiner Familie darin hätte schwimmen können. Handtücher wie für eine Aussteuer. Sogar Badeschlappen und ein japanischer Morgenmantel. Neugierig versuchte ich den Schriftzug zu lesen. Fernseher mit Video. Die Cassetten lagen daneben. Nebst Bedienungsanleitung. Aber hier hatte ich besseres Fernsehen, nämlich aus dem Fenster hinaus.

Dann das Bett! Flach, wie ich es liebe. Breit, so dass ich quer drin liegen konnte. Ein Blumengebinde wie für Honeymooner. Beruhigende Tapete und Bilder. Delphine beim Spiel, eine Yacht vor dem Wind.

Der Kühlschrank mit allen Versuchungen der Destillationsbranche und französischen Mineralwasserindustrie. Eiswürfel. Ich nahm ein Glas und dann in die Badehose. Habe ich immer bei mir. Wie einen Flaschenöffner und eine Bibel.

Draußen stieg ich in den geräuschlosen Fahrstuhl. Unten fand ich einen freundlichen Bademeister, der schon wusste, dass ich hier Gast war.

Sofort an den Strand. Ich nahm an, dass der schneeweiße Sand unter der Tropensonne glühend heiß sein würde. War er aber nicht. Er bestand aus fein gemahlenem Muschelkalk und kühlte meine Sohlen. Ich genoss jeden Schritt.

Das Wasser war, wie man es nicht besser hätte bestellen können. Kühlend, aber nicht kalt. Paradiesisch. Es fehlten nur noch die zahmen Tiere und der Delphin, der mich wie ein Boot tragen würde.

Das Wasser trug mich und die leichte Brandung spielte mit mir. Die Brise kühlte mein Gesicht.

Schade, dass die Familie im kalten Genf saß und nicht mit mir dieses Paradies genießen konnte.

Und dann erschien auch noch Eva. Nicht am Apfelbaum, sondern unter Palmen. Nicht ganz nackt, aber noch reizender gekleidet, in dem knappsten Bikini, den ich bis dahin gesehen hatte.

Wie sie sich bewegte! Als ob niemand zusehen würde. Sie hatte eine Badetasche mitgebracht, kramte mit anmutigen Bewegungen einen Spiegel heraus und betrachtete sich darin wie Eva nach dem Sündenfall. Kaum hatte ich beschlossen, mich von ihrem Anblick loszureißen und mich wieder meinem Badevergnügen zuzuwenden, da erschien ein Pulk gleichartiger Damen, in Bikinis und mit Badetaschen. Stewardessen einer amerikanischen Fluglinie, wie sich später herausstellte.

Nicht eine Eva, sondern gleich acht. Alle schlank und rank. Alle bewegten sich anmutig und in den Hüften wiegend, wie auf hohen Absätzen. Ich hoffte, sie würden sich zu mir ins Wasser stürzen. Doch nein. Erst einmal mussten sie sich für den Strand zurechtmachen. Sonnenschutzmittel. Noch einmal die Frisur überprüfen, Gesichtspflege. Unebenheiten, wenn auch noch so klein, mit Creme einebnen.

Gegenseitige Begutachtung, kritische Spiegelblicke. Eine betrachtete ihre goldlackierten Sandalen. Rauchen wie für eine Zigarettenreklame. Ein Drink aus der Kühltasche.

Sie ahnten wohl nicht, dass ihnen einer zusah. Von mir war nur der Kopf zu sehen, weit draußen. Aber ich schwamm vorsichtig dichter heran. Außer uns war kein Mensch am Strand. Ich war konkurrenzlos. Ach, waren die schön. Alle acht. Jede auf ihre Weise. Und so jung waren sie. Wie sie den Wind mit ihren langen Haaren spielen ließen: blond, rot, braun.

Es war eine milde Abendstimmung. So wie in der Bibel, als der Schöpfer sich in der Abendkühle von der Tageshitze und Arbeit erholte und durch den paradiesischen Garten schlenderte. Wie gerne hätte ich mit Goethe zu dem Augenblick gerufen: »Verweile doch, du bist so schön.«

Doch dann sah ich, dass meine Schönen abgelenkt wurden. Sie sahen alle in Richtung Strandbar, als ob dort andere Männer aufgetaucht wären.

Ich sah auch hin. Dort stand Jorge, in seinen rutschenden Hosen, winkte, rief: »Frietz!« Ich hatte ihn nicht bemerkt.

Ich schwamm zurück und watete schnell an den Strand. Das Paradies war zu Ende. Ich winkte den Damen zu, doch keine beachtete mich.

»Wo warst du denn mit deinen Gedanken?«, fragte der brave Jorge. »Ich habe gewinkt, gewinkt und gerufen. Aber nun ist alles okay. Wie ich sehe, gefällt dir der Strand. Komm, wir müssen zum YMCA fahren.«

Es hätte nicht prosaischer kommen können.

Esther reißt für Tito den Himmel auf

Wir fuhren zur anderen Seite der Insel, in eine andere Welt. Keine Hotels mehr, keine Touristen. Stattdessen die Raffinerie und drum herum, wo kein Meer war, einfache Siedlungen, in denen die Arbeiter mit ihren Familien wohnten. Lehm- und Blechhütten der Arbeit Suchenden. Slums, wie in den großen Städten überall in der Dritten Welt. Wie Afrika. Auch waren dort die meisten Menschen dunkler als in der Touristenstadt.

Laute und kreischende Musik kam uns entgegen, billige Angebote zwischen den Hütten. Blechkarossen, Frauen, Schmuggelware.

Mittendrin Jorges YMCA-Hütte. Aber solide aus Beton und mit Gittern vor den Fenstern. Die Türen weit, weit offen. Jugendliche strömten heraus und hinein. Hier traf man sich, das sah ich. Jeder kannte Jorge, winkte ihm zu, freute sich, benahm sich, versteckte die Zigarette, schmuste nicht mehr.

Neben der Hütte ein runder, asphaltierter Platz in der Größe eines Fußballfeldes. Der faszinierte mich. Jorge ließ mich draußen stehen, während er das Seminar vorbereitete.

Mitten auf dem Platz eine sehr hohe Fahnenstange. Von der Spitze hingen vier riesige Lautsprecher, Rockmusik donnerte über den Platz und in die Nachbarschaft.

Um diese Fahnenstange herum rasten hunderte von Jugendlichen auf Rollschuhen im Kreis. Moderne und uralte Geräte. Am Platzrand wurden Rollschuhe repariert.

Direkt um die Fahnenstange herum übten die Anfänger, ganz außen liefen die Könner. Später erzählte mir Jorge, dass man ihm aus Amerika Videos geschickt hatte, die er hier den Kids vorführte. Darunter auch solche, wie die in den USA seit neuestem Rollschuh fuhren.

Als die Teenies diese Videos sahen, baten sie Señor Jorge, ihnen doch auch solche Rollschuhe zu besorgen.

Jorge ließ sich von amerikanischen YMCAs und Kirchengemeinden einladen, hielt Vorträge, sammelte Rollschuhe und schickte zwei Containerladungen hierher. Die Raffinerie, froh, die Kids von der Straße zu bekommen, asphaltierte den Platz und Jorge bekam im nahen Caracas auch noch die riesigen Lautsprecher samt alter Kassetten geschenkt. Ihm war diese Musik ein Gräuel, doch die Kids waren begeistert. Das sah ich. Wie die Wilden rasten sie um die Fahnenstange herum. Mit Heavymetal und was es da sonst noch an greller Musik gibt.

Besonders ein Mädchen fiel mir auf. Die Wildeste. Die raste ganz außen herum und schrie auch die Jungen aus dem Weg. Keiner fuhr so riskant und schnell wie sie. Dunkelbraun war sie. Ihre schwarzen Haare wie bei einer erwachsenen Frau frisiert, abgeplatzter Nagellack. Ein sehr enger Pulli. Die Hose hätte nicht kürzer sein können. Dabei war sie knapp sechzehn, schätzte ich. Sie sah so aus, als ob sie schon alles erlebt hätte, was eine Frau erleben kann. Und trotzdem tobte sie um den Platz herum, schwitzte und amüsierte sich.

Während ich ihr fasziniert zusah, sprach mich eine Frau an, deren Kommen ich nicht bemerkt hatte. Eine kleine, verhärmte, zusammengeschrumpfte Frau mit einem kleinen Jungen an der Hand, der weinte.

Sie sprach Papiamento mit mir, ich verstand kein Wort. Sie bat mich um etwas, erklärte etwas und deutete auf den Jungen, dem sie die Tränen abwischte.

»Tut mir Leid, ich kann kein Papiamento, gehen Sie doch zu Señor Jorge. Señor Jorge, da drinnen in der Baracke. Der versteht Sie und der weiß bestimmt einen Rat.«

Aber sie verstand mich auch nicht und redete weiter auf mich ein. Ganz leise, aber verzweifelt. Sie zeigte immer wieder auf den kleinen Jungen, auf die Rollschuhläufer und auf die Tränen des Kleinen.

Ich wollte sie schon in die Baracke führen, was sollte ich sonst tun? Da kam die Wilde auf uns zugerast und bremste kurz vor uns ab.

»Was will die von dir?«, fragte sie mich auf Englisch.

»Ich weiß nicht, ich verstehe kein Papiamento.«

»Hat die dich angebettelt?«

»Nein, nein, da ist was mit dem Jungen.«

Die Wilde sprach die kleine, hilflose Frau an, nicht gerade freundlich und genauso rasend schnell, wie sie Rollschuh lief.

Aber als die Frau antwortete, veränderte sich das Gesicht der Wilden. Mitleid breitete sich über ihr Gesicht aus. Dann sagte sie zu mir: »Also, das ist so: Die Frau geht jeden Tag auf den Markt, um da was zu verkaufen, und nimmt immer den Jungen mit. Jedes Mal, wenn sie hier vorbeikommen, fängt der Junge an zu heulen, weil er auch Rollschuh laufen will. Aber der kann das nicht, weil er taubstumm ist. Verstehst du, der kann nichts hören. Und die Mutter meint, dass es darum viel zu gefährlich für den Jungen ist, auf die Bahn zu gehen. Der würde weder die Musik hören noch wenn einer von hinten angebraust käme.

Aber jeden Tag, wenn sie hier vorbeigehen, zum Markt, dann heult der Junge. Wenigstens Rollschuhe möchte er besitzen. Aber wovon soll die Mutter die ihm kaufen? Bei ihren drei Kindern und der Vater ist weggelaufen und der Markt bringt auch nicht viel ein.«

»Was kann man da machen?«, fragte ich die Wilde.

Das wusste sie auch nicht.

»Esther«, wurde sie von anderen wilden Läufern gerufen. Sie solle endlich wieder auf die Bahn kommen. Sie wollten sie im Schnelllaufen schlagen. »Oder hast du Schiss davor?«

Ich meinte, ich würde gerne versuchen, dem Jungen Rollschuhlaufen beizubringen, aber ich bin zum letzten Mal vor vierzig Jahren Rollschuh gelaufen. Auf uralten, klobigen Eisenrädern, auf denen auch kein Tempo zu machen war.

Es sah so aus, als ob Esther wieder auf die Bahn zurückkehren würde. Sie wollte es den Großschnauzen zeigen. Sie lehnte sich schon zurück, um Schwung zu holen, doch dann brach sie plötzlich ab und sagte: »Ich bringe es ihm bei.«

Calypso-Express

Sie sagte es der Mutter und rollte in die Baracke, obwohl das streng verboten war, mit Rollschuhen. Dort besorgte sie ein Paar für den Kleinen. Sein Gesichtchen strahlte schon, als sie ihm angezogen wurden. Aber dann, als er darauf stand und zu schwanken begann, zog wieder Angst über sein Gesicht.

Doch Esther hielt ihn mit beiden Händen fest. Er wollte immer wieder wegrutschen, doch Esther bewegte ihn auf den Rollschuhen nach vorn. »Das geht einfacher, als wenn du stehen bleibst.«

Die Mutter wollte helfen, doch Esther machte ihr klar, dass sie mit ihrem Mitleid nur stören würde.

Langsam und unbeholfen bewegte sich der Junge in kleinsten Schritten voran. Aber er bewegte sich. Er wollte sich krumm machen, auf den Hintern setzen, doch Esther zwang ihn, locker und aufrecht vorwärts zu stolpern. Dann ließ sie eine Hand los. Erst griff er immer wieder mit beiden Händen zu, aber dann gewöhnte er sich daran, an einer Hand zu laufen oder besser gezogen zu werden.

Obwohl Tito, so hieß der Kleine, noch nicht sicher auf den Beinen stand, ließ Esther seine Hände los und packte ihn an der Schulter. Erst von vorne, dann von hinten. Dabei wurde ihr Griff immer lockerer.

Wehe, wer von den Wilden den beiden zu nahe kam! Der wurde von Esther mit wilden Schimpfworten und Drohungen davongejagt. Ich sah ihre langen Fingernägel. Die hatte sicher schon mancher, der ihr zu nahe getreten war, im Gesicht gespürt.

Erst einmal musste Tito seine Knie beruhigen. Die wackelten noch immer angstvoll hin und her. Aber Esther gab nicht auf.

Dann hielt sie ihn nur noch mit einer Hand an der Schulter fest. Immer wieder sah Tito sich ängstlich um und war dabei, das Gleichgewicht zu verlieren. Esther bedeutete ihm, dass er gefälligst nach vorne sehen sollte.

Er lief immer besser. Erst so wie ein Langläufer mit seinen schrägen Skiern einen Hang hoch, aber dann doch lockerer.

Der Junge lief! Esthers sichere Hand auf seiner Schulter. Jetzt hielt sie ihn nicht mehr fest, sondern ihre Hand lag nur noch locker auf.

Der Junge lief. Er merkte nicht, als Esther ihn losließ. Erst rief sie lachend etwas, aber dann erinnerte sie sich, dass er sie nicht hörte.

Sie überholte ihn, aber vor lauter Schreck ließ er sich auf die Knie fallen. Das tat weh und Blut tropfte. Esther wischte es ihm schnell mit ihrem T-Shirt ab.

Er konnte jetzt alleine fahren, doch er fiel immer wieder hin, verkehrt, schmerzhaft auf die schon schmerzenden Knie.

Esther brachte ihm einen besseren Trick bei. Wenn er schon fallen musste, dann sollte er sich gefälligst auf den Popo fallen lassen.

Da er sie natürlich nicht verstand, machte sie es ihm vor und ließ sich auf ihren gut gepolsterten Hintern fallen. Nicht nur der kleine Junge lachte, sondern die ganze Bande. Esther auf den Hintern gefallen, das hatte noch keiner gesehen.

Ganz außen am Rand rollte der Junge dann um das Feld herum. Esther zunächst noch in Griffnähe, dann aber ließ sie einen immer größeren Abstand zwischen sich und ihrem Schüler.

Als sie dann eine Runde um den Platz gemeinsam geschafft hatten, befahl sie ihm anzuhalten und gab ihm zu verstehen, dass er nun allein eine Runde drehen müsse.

Sie ließ die Musik abschalten und rief den anderen Jugendlichen zu, dass sie Aufstellung nehmen und für Tito klatschen sollten, wenn der alleine seine Runde drehte.

Alle warteten auf ihn. Die Musik setzte mit einem Calypso wieder ein, aber der Kleine hörte es natürlich nicht.

Dann begann er sehr vorsichtig seine ersten Schritte, die dann aber immer schneller und sicherer wurden. Er hörte den Beifall nicht, aber er sah, wie alle im Rhythmus für ihn klatschten und jubelten.

Wie das Gesicht des Kleinen strahlte! Der Mutter fielen dicke Freudentränen aus den Augen und kullerten an ihren Backen herunter.

Als Tito seine Ehrenrunde beendet hatte, raste Esther wieder mit ihm los. Schon bald tauchten sie zusammen in der Masse der Raser unter.

1760,20 D-Mark

Wir wohnten wieder in Deutschland. Zur Zeit des Telefonanrufs waren Karin und ich in Finnland, in ihrer Heimat. Da bekam ich einen Anruf von Mary, Alfreds Frau, aus Accra in Ghana. Sie weinte: »Dein Bruder und Freund Alfred hat Krebs. Die Ärzte hier sagen, sie können ihm nicht helfen. Nana Fritz, kannst du was tun?«

Was sollte ich in Finnland tun? Da musste sicher auch schnell geholfen werden.

Alfred Sarkodee kannte ich schon viele, viele Jahre. Als ich in Ghana mit dem YMCA begann, traf ich Alfred als Schüler in unserer Berufsschule. Nach seinem Abschluss half er mir, an seiner Schule und vielen anderen die YMCA-Schülerarbeit aufzubauen. Die Rektoren erklärten mir: »Wir kommen gegen diesen Sarkodee nicht an. Schmeißen wir ihn vorne hinaus, kommt er hinten wieder herein.«

Später übernahm Alfred meinen Job. Erst in Takoradi, als Darwin leider starb, dann in Accra und seitdem war er der Generalsekretär des YMCA in Ghana. Und immer waren wir Freunde geblieben. Zu meiner Verabschiedung vom deutschen CVJM waren Mexico und er extra aus Ghana eingeflogen worden.

Und nun war er todkrank. Aber was konnte ich tun? Mary wollte auf meinen Bescheid noch am gleichen Abend warten. Wusste sie nicht, dass es nicht einfach ist, von Finnland aus in Deutschland Hilfe und Geld zu organisieren? Aber sie war natürlich verzweifelt, suchte nach jeder Möglichkeit, Alfred zu helfen.

Ich rief Experten in Deutschland an. Die kalkulierten die eventuellen Kosten für Flug, Operationen, Krankenhaus durch: astronomisch. Ein medizinischer Freund in Finnland meinte: »Da ist meistens nichts mehr zu machen, wenn die Diagnose steht.«

Es sah traurig aus. Ich rief Mary an: »Es geht leider nicht. Es hat wenig Sinn. Ich helfe euch finanziell in Ghana.«

Sie schluchzte.

Karin hörte mit und wurde richtig böse auf mich: »Wie kannst du so was machen? Mit deinem guten Freund?! Du musst ihm helfen!« Und noch ein Anruf aus Deutschland kam: »Du musst ihm helfen. Wir helfen mit. Was kostet das?«

Ich rief Gerd im Sauerland an. Erklärte ihm alles. »Was brauchst du?«, unterbrach er mich. »Etwa 3000 D-Mark für den Flug.«

»Okay, das zahlen ich und meine Freunde.«

Ich rief Jürgen an. Vielbeschäftigter Arzt. Der hatte schon Leo, dem fast Blinden, geholfen. Und Gisela, seine Frau, kann nicht nein sagen, wenn man sie um etwas bittet.

»Schick ihn«, war die Antwort.

»Aber ich weiß nicht, wann ich wieder nach Deutschland komme.«

»Der kann bei meinen Eltern wohnen. Mein Vater ist ja auch Arzt. Dann wohnt er direkt über der Praxis, in meinem ehemaligen Zimmer. Lass ihn kommen.«

Ich fand auch Horst und Klaus, die Alfred in Frankfurt abholen und ihn zu Jürgen fahren würden.

Schmerzgekrümmt und todmüde erschien Alfred, als wir gerade aus Finnland eintrafen. Wegen Verspätung der Maschine hatte er den Anschluss und die beiden Leute verpasst.

Ich erfuhr dann: Alfred war mit dem Bus von Frankfurt nach

Düsseldorf transportiert worden. Auf dem Flugplatz wusste er nicht wohin. Er war zwar früher schon bei uns gewesen, aber er wusste die Straße nicht mehr. Da sah ihn eine Frau, erfuhr von ihm unsere Telefonnummer und versuchte mich anzurufen, doch wir waren noch auf dem Weg von Finnland nach Hause. Sie rief nach Alfreds Vorschlag den CVJM an und brachte ihn dorthin. Die erreichten mich dann, als wir gerade zur Tür hereinkamen.

Alfred war ganz glücklich, unter den Fittichen von zwei Ärzten und Brüdern zu sein und auch noch da zu wohnen.

Jürgen sah sich den afrikanischen Befund an, untersuchte Alfred. Seine Diagnose deckte sich mit der seiner afrikanischen Kollegen: Nichts zu machen.

Aber er wollte ihn doch noch zu einer Spezialuntersuchung schicken. Der Chefarzt war dazu bereit. Fragte aber auch: »Ist der versichert? Wer zahlt das denn?«

»Wir.«

Der Chefarzt sah uns an, schüttelte den Kopf: »Na, dann kann ich auch nichts nehmen.«

Das Gleiche sagten der Anästhesist und dann der Röntgenarzt.

So wurde alles noch einmal gründlich untersucht und eine Stelle aufgemacht. Niederschmetterndes Ergebnis: »Er muss sterben.«

»Wann?«

»Spätestens in drei Monaten.«

Alfred war ganz stolz, als er aus der Narkose erwachte. Er zeigte den vielen Besuchern, die aus ganz Deutschland angereist waren, seinen Verband und war sicher, dass er nun geheilt war.

Der Chef sagte zu mir: »Sagen Sie ihm das. Sie kennen ihn besser.«

Grauenhaft. Ich machte zwar sechs aus den drei Monaten, aber es blieb furchtbar. Wir sahen uns an. Alfred legte seine Stirn gegen meine, wie es in seinem Stamm üblich ist, wenn Männer trauern.

Wir umarmten uns. Tränen.

Dann sagte er: »Fritz, Nana, wir haben doch zusammen die frohe Botschaft vom lieben Gott allen gesagt, nun kann ich doch nicht verzweifeln.«

Schlimm war es auch, Mary anzurufen. Sie befürchtete es schon, als sie meine Stimme hörte.

»Wie lange?«, fragte sie.

»Sechs Monate«, antwortete ich.

Der Krankenhausverwalter fragte, wohin denn die Rechnung gehen sollte.

Wieder die gleichen Erklärungen von uns, wieder: »Was nimmt denn der Chef?«

»Nichts.«

Überlegen. Dann: »Also . . .«, tiefes Durchatmen. »Wenn Sie keine Rechnung von mir kriegen, bitte nicht nachfragen.«

Tat ich nicht. Bis heute nicht.

Alfred sollte nach Hause zurück. Jürgen sagte: »Ich muss ihm reichlich Schmerzmittel und andere Medikamente mitgeben. Aber ich kann vom Apotheker nicht erwarten, dass er das bezahlt. Kannst du das Geld besorgen?«

War schwierig. Ich hatte kaum Zeit. Schon am nächsten Tag würde ich nach Frankreich zu meinem Freund Günther Schild fahren. Aber was blieb mir übrig? Ich sagte zu.

Alfred flog ab. Der Apotheker wollte uns später die Rechnung schicken.

Der Abschied machte uns fertig. Wir sahen uns zum letzten Mal auf dieser Erde. Wir hatten eine gute Zeit zusammen gehabt. Frau und fünf Töchter würden zurückbleiben. Die Mädchen waren alle noch in der Schule.

Ich versprach Alfred: »Ich kümmere mich um deine Familie.« Ich wusste, die Rente, die sie bekommen würden, war lächerlich. Ich sage immer sofort Hilfe zu, ohne groß nachzudenken. Bisher sind immer Wunder geschehen. Mein Herr hat mich nie auf meinen Versprechen sitzen lassen.

Ich hatte in Genf versucht, so etwas wie eine Hilfe für die YMCA-Pensionäre in der Dritten Welt aufzubauen, doch es war mir nicht gelungen. Immer wieder tagten verschiedene Gremien darüber und tun es sicher heute noch. Sie fürchten sich vor Präzedenzfällen mehr als vor einem schlechten Gewissen.

Die offenen Herzen und Geldbeutel

Auf dem Rückweg von Frankreich saßen wir ziemlich erledigt im Bus. Ich begleitete eine CVJM-Gruppe aus Altenstein in Franken. Auf dem Weg zurück nach Deutschland hatten wir noch eine Besichtigungstour durch Brügge eingelegt.

Dann, hinter Brüssel, nahm Heinrich, der Oberaltensteiner, das Mikrofon und fragte mich vor allen Leuten: »Fritz, wir haben sicher noch Geld übrig. Brauchst du was? Sag, wofür?«

Ich erzählte das mit Alfred und der noch offen stehenden Apothekerrechnung.

»Wie viel?«, fragte Heinrich.

»Weiß ich nicht genau, aber über 1000 Mark bestimmt.«

Im Bus waren fast nur junge Leute. Einer von ihnen, knapp vierzehn, trieb irgendwo einen Lodenhut auf, stellte sich vor jeden Mann und vor jede Frau und bat sie mit einem treuherzigen

Blick, etwas in den Hut zu legen. Das dauerte, weil er sich alle Zeit der Welt ließ.

Als er durch war, nahm Heinrich noch mal das Mikrofon. »Hört mal zu, der Hut ist noch nicht voll. Sucht mal nach, vielleicht findet ihr doch noch Kleingeld oder einen losen Schein. Wir dürfen den Fritz nicht auf der Rechnung sitzen lassen. Ihr könnt auch französisches und belgisches Geld opfern. Das tauschen wir an der Grenze.«

Der Junge ging noch zweimal rum.

An der Grenze tauschte ich dann mit Heinrich. Es waren 1760,20 D-Mark. Ich dankte. Es war unglaublich, was sie da zusammengelegt hatten.

Am nächsten Morgen fuhr ich mit dem Geld zu Jürgen.

»Jau«, sagte der und führte mich in sein Sprechzimmer. »Ich hab die Rechnung vom Apotheker bekommen.«

Ich reichte ihm den Umschlag mit dem Geld. Vorne drauf stand die Summe. »Hoffentlich reicht es«, sagte ich.

Jürgen sah auf die Summe und wurde blass. Er ließ sich auf seinen Stuhl fallen.

»Was ist denn los?«, rief ich. »Du bist doch mein Arzt, du darfst nicht umkippen!«

Da gab er mir die Rechnung des Apothekers. Ich las die Summe: DM 1760,20.

Mary und die Kinder

Ich hatte Alfred versprochen, mich nach seinem Tod um Mary und ihre Kinder zu kümmern. Alfred starb. Mary konnte ein Studium aufnehmen, um später Geld für sich und ihre Kinder zu verdienen. Das Schulgeld für die Kinder musste zusammengebracht werden. In Afrika ist das nicht frei. Sie brauchten Essen und Kleidung, eine Wohnung. Ich habe wunderbare Freunde, mit offenen Herzen und Geldbeuteln. Wie schon beschrieben. Ich kassierte ab, für Mary und ihre Kinder.

Auf tolle Ideen kamen auch meine jungen Freunde. Sie sammelten alte Weihnachtsbäume und gaben mir den Erlös für Mary und ihre Kinder. Jugendliche im Siegerland backten Pizza für Fritz. Eigentlich für das Krankenhaus in meinem Stammesgebiet in Ghana und für Mary. Eigentlich wollten sie die Pizza in einer Bäckerei herstellen, doch der Bäcker meinte: »Lasst mich das mal machen, sonst herrscht hier Chaos. Ihr könnt sie ausfahren.«

Marathon-Tischtennis wurde gespielt und so weiter und so weiter. Von dem Geld konnten wir in meinem Stammesgebiet ein Krankenhaus aufbauen und Mary baute für sich und ihre Familie ein Häuschen. Vor ein paar Wochen flog ich mit Karin hin.

Es war etwas ganz Besonderes für mich. Ich sah, wie ein Traum sich erfüllt hatte. Vor vielen Jahren hatte ich davon geträumt, für die Erwerbslosen eine Ausbildungsmöglichkeit zu schaffen. Nun läuft sie, schon seit Jahren. Zweihundert Schüler in einem Kurs von drei Jahren. Theorie in der Schule, Praxis in Betrieben. Als ich vor den Jungen stand und von meinem Traum und wie ich das Geld bekam erzählen sollte, versagte mir die Stimme.

Offene Türen, offene Portemonnaies. Meine Lebenserfahrung.

Karin und ich besuchten auch Mary. Die älteste Tochter ist in Amerika verheiratet, die zweite in Ghana. Die dritte, eine bildhübsche Journalistin, ist beim Fernsehen, auf dem Wege. Die beiden Jüngeren gehen noch zur Schule. Sie zeigten mir ihre Zeugnisse. Ausgezeichnet. Unser Geld ist dort bestens angelegt.

Mary hat Karriere gemacht. Sie ist nun Schulrätin in Accra. Und ihr Häuschen steht. Am Rande von Accra, noch ohne Licht und Wasser. Aber das wird auch kommen. Wir sammeln dafür.

Die älteste Tochter hat einen kleinen Alfred geboren. Wie würde sich mein Freund Alfred darüber freuen! Nach seinen fünf Töchtern. Obwohl er im Prinzip nichts gegen sie hatte.

Mary ist eine sehr fromme Frau und Predigerin geworden. In ihrem Wohnzimmer feierten wir einen Lob- und Dankgottesdienst für Alfred, für das Häuschen, für die Kinder und unsere, mit allen unseren Freunden. Wir sangen die herrlichen Anbetungslieder auf Englisch und Twi. Es war fast wie im Himmel.

Dann musste ich predigen. Ich hatte vorher nichts davon gewusst. Mary hatte auch schon den Predigttext ausgesucht. Offenbarung drei, Vers acht: »Siehe, ich habe dir die Tür geöffnet und niemand kann sie zuschließen.«

Signale aus dem Himmel in Wermelskirchen

Aber die Geschichte mit dem Geld und den Wundern ist noch nicht zu Ende. Eine Hauptschule im Bergischen Land hinter Wuppertal hatte mich zum Erzählen eingeladen. Dort werden meine Kinderbücher im Unterricht gelesen, was mich natürlich sehr freut.

Morgens erzählte ich in der Aula und in den Klassen. Die Schulband gab extra ein Privatkonzert für mich, was mich tief rührte. Anschließend Mittagspause. Eigentlich wollte ich nach Wuppertal fahren, zu meiner ehemaligen Arbeitsstelle, wo ich noch einen sehr guten Kontakt zum Bodenpersonal hatte.

Aber die Buchhandlung, die die Schule mit Büchern belieferte, zeigte sich traurig, die Frauen hätten so gerne mit mir beim

Chinesen gegessen. Okay, ich stellte meine Pläne um. Bis sie ihren Laden schließen konnten, wollte ich noch eine Runde durch die Stadt marschieren.

Dabei brütete ich vor mich hin. Karin, meiner Frau, war im Krankenhaus unsere Scheckkarte gestohlen und unser Konto total ausgeplündert worden. Samt den Geldern, die für eine Reise nach Ghana dort deponiert waren.

Wir wussten nicht, wie es finanziell mit uns weitergehen sollte. Unser Sohn war noch in der medizinischen Ausbildung und brauchte Geld. Ich wusste auch nicht, wie wir unsere nächste Miete zahlen sollten. Ich bin ja keiner, der dauernd wegen Geld herumrechnet, aber nun sah es wirklich böse aus.

Während ich noch so vor mich hingrübelte und eine Straße hochging, stellte sich plötzlich ein Geländewagen quer auf meinen Weg, auf den Gehsteig. Eine Unverschämtheit. Ich wollte den Kerl schon anrotzen, da stieg der aus und sah mich strahlend an: »Fritz!«

Ich starrte ihn an. Ich kannte ihn nicht.

»Kennst du mich nicht?«

»Nee.«

»Ich hab dich beim Motorradgottesdienst predigen gehört. Ich muss dir was sagen. Ich hab dich gerade schon gesehen. Auf der anderen Straße, wo du runtergingst. Da sah ich erstens einmal dich, was mich doch sehr wunderte. Wie kommt der denn nach Wermelskirchen, fragte ich mich. Und dann sahst du auch nicht so fröhlich aus wie sonst. Da hatte ich das Gefühl: Den musst du aufmuntern, dem musst du helfen. Aber wie, wusste ich nicht, und Zeit hatte ich auch nicht. Ich musste wegen eines Bauauftrages verhandeln. Trotzdem, ich hatte das Gefühl: Dem Fritz musst du helfen. Signal aus dem Himmel, wusste ich.

Gut, habe ich gedacht. Lieber Gott, wenn ich den Fritz heute noch mal sehe, dann haue ich ihn an.

Das Baugespräch ging ruckzuck. Nur wenige Minuten, dann saß ich wieder in meiner Karre und wollte nach Hause fahren. Und auf einmal sehe ich dich wieder. War ganz klar: Den musst du fragen. Darum stehe ich hier.

Fritz, was kann ich tun? Für dich, persönlich?«

Ich starrte ihn an. Wie konnte der das wissen? Ich sagte ihm, was uns Kummer bereitete.

»Wo gehst du hin?«

»Zur Buchhandlung da oben.«

»Warte da auf mich. Ich bin gleich wieder da.«

Ich wartete und sagte den Damen, warum. Ich wusste noch immer nicht, was er tun wollte.

Dann brach er in den Laden ein. Er hatte keine Zeit. Er drückte mir 2000 Mark in die Hand und verschwand.

Wir sahen uns an. Ich fand nur mühselig heraus, wer er eigentlich war: Ein Bauunternehmer. Ein frommer Mann. Ein prima Kerl.

Nebenbei bemerkt: Wir haben das verlorene Geld bis auf den letzten Pfennig wieder zurückbekommen. Auch unglaublich. Doch ich habe Zeugen.

Im Lager bei Leningrad

Eigentlich fing das mit der offenen Tür bei mir schon an, als ich noch ein Junge war. Ich Armleuchter hatte mich zu Kriegsende noch freiwillig gemeldet, wollte Berlin gegen die Russen verteidigen. Doch es ist mir nicht gelungen. Da wir noch über den Waffenstillstand hinaus gekämpft hatten, wurde ich in ein Straflager bei Leningrad verschleppt. Wer auf dem Marsch zusammenklappte, wurde »auf der Flucht erschossen«. Barbarische Sitten. Doch wir hatten den Krieg begonnen und auch Leningrad belagert.

Das waren harte Zeiten. Ich war damals 184 Zentimeter lang und wog noch 84 Pfund. Wir mussten hart arbeiten, schliefen in zugigen Baracken direkt am Meer. Es war bestialisch kalt darin, voller Schnee, den der Wind hereinwehte, und es gab keine Heizung. Ich trug nur meine Sommeruniform. Darunter hatte ich Heu und Zeitungen gepackt.

Wir schliefen auf Pritschen ohne jede Unterlage und Decke. Etliche erfroren, andere verhungerten. Jeden Morgen, wenn wir zur Arbeit getrieben wurden, blieben Tote liegen.

An einem Tag erzählte uns einer unserer Kumpels, was in Auschwitz geschehen war. Ich konnte es nicht fassen. Ich begriff, wem ich mit Begeisterung gedient hatte: einem Teufel.

Wie lange wir jetzt in der Gefangenschaft bleiben müssten, wussten wir nicht.

Der Tag mit dem Heiligabend brach an. Wecken mit Knüppeln schon um fünf. Zählappell. Warten und warten, obwohl wir uns kaum auf den Beinen halten konnten. Die Russen verzählten sich dauernd, obwohl wir in Blöcken zu Hundert da standen.

Dann Essen fassen: Wassersuppe, eine Scheibe Brot, ein Löffel Zucker. Das musste bis zum Abend reichen. Untergehakt schleppten wir uns zur Stadt. Kaum einer konnte sich noch allein auf den Beinen halten.

Ich dachte an die Züge russischer Kriegsgefangener, die sich hinter unserem Siedlungshäuschen im Ruhrgebiet von ihrem Lager zur Zeche geschleppt hatten, wo sie genauso hart arbeiten mussten wie die deutschen Kumpel.

Aber die Deutschen wurden normal verpflegt und die Russen hungerten.

»Wehe, wenn wir den Krieg verlieren!«, hatte die Mutter gesagt.

Und der Vater hatte geantwortet: »Wir können ihn nicht gewinnen und das ist auch gut so.«

Jetzt Schnee und Glatteis in Russland. Dann wühlen in Trümmern. Tote suchen und begraben. Die stanken. Massengräber ausheben, in die auch unsere Kumpels kamen, die bei der Arbeit tot umkippten.

Wir stopften alles in uns hinein, was wir in den Trümmern fanden und was einigermaßen essbar war oder auch nicht: Tapetenreste, Weichhölzer, Gips oder was das war. Viele blieben mit Magenkrämpfen liegen.

Wenigstens durstig war ich nicht mehr, wie im Sommer. Ich schluckte einfach Schnee.

Schläge gab's reichlich, besonders wenn wir einen toten Russen fanden. Dann entlud sich die Wut der Soldaten auf uns. Verständlich, fand ich. Ich wusste ja, was die Nazis, zu denen ich dann selbst gehörte, meinem Vater angetan hatten. Ich hatte immer gedacht, der Führer in Berlin wisse von den Untaten seiner Schergen nichts. In der Gefangenschaft erfuhr ich von meinen Kumpels, dass diese Meinung ein Irrtum war.

Eines Tages mussten wir aus dem Lager raus in östlicher Richtung marschieren. Etliche von uns blieben tot auf der Strecke. Keiner zählte sie. Jeder war froh, wenn er selbst überlebte. Ich auch.

Dann mussten wir sogar noch ein Lied für unsere Wachmannschaft singen: »Die blauen Dragoner, sie reiten.« Wer nicht mitsang, spürte den Kolben. Man hatte unseren Bewachern sicher eingebläut, dass wir die übelsten Nazis waren, die es überhaupt gab. Die Mörder ihrer Väter, Mütter, Schwestern und Brüder.

Als wir aus der Stadt herausgeschwankt waren und der eisige Meereswind von der zugefrorenen Ostsee her uns so richtig quälte, stand ein leuchtender Sonnenuntergang am Himmel.

Es war Advent, fiel mir ein. Einer rief den Kinderspruch: »Die Engelchen backen.«

Wüste Rufe dagegen: »Halt die Schnauze. Wer noch ein Wort über Weihnachten sagt, den schlage ich zusammen!«

Als wir zurückkamen, Prügeln am Tor. Wie üblich. Zählappell. Wassersuppe aus Kartoffelschalen. Nur sehr selten schwamm eine Schale darin. Die Kartoffeln aßen die Russen und die deutschen Lagerpolizisten, die auch Gefangene waren. Die brauten sich auch Bier daraus. Uns blieb nur das trübe Wasser. Sonst nichts. Von Kartoffeln träumte ich, oft.

Rein in die Baracke. Auf die Pritschen. Ich lag oben, aber vorne neben der Tür. Dort zog es, wenn die Tür aufging, und auch durch die Bretter zwischen den Ritzen.

Ich fror, ich hungerte. Mein Vordermann starb. Erst wimmerte er noch, rief nach seiner Mama, dann rutschte er einfach weg und wurde kalt. Ich wusste noch nicht einmal, wie er hieß, er war uns von seiner Restkompanie zugeteilt worden.

Der Geruch von Pellkartoffeln

Da lag ich. So zusammengekrümmt, wie ich nur konnte, um noch ein kleines bisschen Wärme zu finden. Ich wollte schlafen, doch ich konnte nicht. Der Hunger wühlte und biss in meinem Gedärm. Ich fror erbärmlich. Die Zähne klapperten gegeneinander. Ich konnte nichts dagegen tun.

Ich dachte an zu Hause. Da feierten sie jetzt bestimmt Heiligabend: der Vater, der wieder zu Hause war, die Mutter, meine Schwester, genannt der Schätz. Sicher dachten sie an mich.

Ich sah sie vor mir. Wie sie dasaßen, im Wohnzimmer. Den Baum, die Geschenke, auch wenn es nicht viel gab in diesen harten Jahren. Ich konnte aber nicht so fein ordentlich denken und träumen, wie es hier steht, sondern ich sprang in den Bildern hin und her.

Schnell vom Baum weg, den ich ja nicht essen konnte, zum Ofen. Da kochte das Wasser mit der dicken Fleischwurst drin, vom Metzger Stufft.

Ich sah den Vater beim Kartoffelschneiden für den Salat. Ich sah, wie die Mutter die Soße rührte. Ich durfte den Topf auslecken und den Holzlöffel, noch mit einigen Kartoffel-, Zwiebel- und Eierresten daran.

Das schmeckte. Doch dann packte mich wieder der Hunger. Der erbärmliche. Ich versuchte mich dagegen anzukrümmen. In unserer Baracke Gewimmere, Gebetsversuche, Beschimpfungen Gottes. Aber die meisten stöhnten nur und weg waren sie.

Es war nicht mehr zum Aushalten. Ich konnte nicht mehr. Ich wollte mich einfach sacken lassen, doch die Kälte hielt mich im Griff, und der Hunger.

Da ging plötzlich die Tür auf. Ich fürchtete die deutsche Lagerwache auf einer ihrer Prügeltouren. Soldaten wie wir, aber sie gaben mit ihrem Antifaschismus an und behaupteten, sie seien schon immer Kommunisten gewesen.

Doch diesmal waren es zwei Russen, die in der Tür standen. Die ließen sich sonst hier nie sehen.

Die trugen etwas. Es war ein Kübel, aus dem es dampfte. Es roch nach Pellkartoffeln. Oder träumte ich das?

»Froh Weihnacht!«, rief ein Russe.

Das konnte doch nicht sein!

Dann fingen die beiden an, die Pellkartoffeln zu verteilen. Ich bekam auch eine. Ich drückte sie schnell an mich, falls der sie mir wieder wegnehmen oder der Traum vorbei sein würde.

Ich hielt sie in beiden Händen. Sie wärmte mich. Ich wollte schon hineinbeißen, aber dann wartete ich doch.

Die Russen gingen zur Tür zurück, mit dem leeren Kübel. Einer drehte sich noch einmal um und rief: »Froh Weihnacht!« Dann schloss er die Tür.

Das Licht war auch weg. Einer von ihnen hatte eine leuchtende Taschenlampe vor seiner Brust hängen.

Da lag ich mit meiner Kartoffel. Sie wärmte mich. Ich dachte an zu Hause, als ich ganz vorsichtig in sie hineinbiss. Bei jedem Biss. Ich aß Kartoffelsalat mit der Fleischwurst von Stufft. Schmeckte, auch ohne Senf.

Ich aß alles und leckte mir die Finger ab. Dann schlief ich ganz ruhig ein.

Mit der Pellkartoffel auf dem Kölner Domplatz

Am nächsten Morgen Geraune. Nur in unserer Baracke waren die Russen gewesen. Wir waren alle sehr froh, wie die kleinen

Kinder nach der Bescherung und wenn sie ihre Geschenke stolz vorführen können.

Ein Kölner schlug vor: »Wenn wir aus der Gefangenschaft rauskommen, dann müssen wir uns noch einmal treffen. Mit einer Pellkartoffel. Am zweiten Weihnachtsfeiertag 1950. Nachmittags.«

Ich flüchtete aus dem Lager. Ich kam durch, während der Volker erschossen und der Jupp wieder eingefangen wurden.

Ich schlug mich bis zu Hause durch.

Am zweiten Feiertag 1950 fuhr ich mit einer Pellkartoffel nach Köln. Erst zeigte ich sie nicht so richtig. Nur so, dass Eingeweihte sie entdecken konnten. Ich suchte nach Männern mit Pellkartoffeln.

Ich fand keinen. Dann zeigte ich die Pellkartoffel ganz offen. Die Leute in ihren Weihnachtsklamotten sahen mich an wie einen Doofen. Stundenlang strich ich herum. Draußen, aber auch drinnen im Dom. Dort verscheuchte mich ein Aufseher. Das würde sich nicht gehören, mit einer Kartoffel durch den Dom zu laufen.

Bis zum Abend. Keiner kam.

Da ging ich noch mal in den Dom zurück. Schlich mich an den Hochaltar und legte die Kartoffel mitten darauf. Auf die weiße Decke, unter dem Kreuz.

»Danke, lieber Gott«, sagte ich.

Fritz Pawelzik

Ich werfe meine Freude an den Himmel

Gebete aus Afrika

128 Seiten, RBtaschenbuch, Bestell-Nr. 220 473

Herr,
ich werfe meine Freude wie Vögel an den Himmel.
Die Nacht ist verflattert, und ich freue mich am Licht.
So ein Tag, Herr, so ein Tag.
Deine Sonne hat den Tau weggebrannt
vom Gras und von unseren Herzen.
Was da aus uns kommt,
was da um uns ist an diesem Morgen,
das ist Dank.

Herr,
ich bin fröhlich heute, am Morgen.
Die Vögel und Engel singen, und ich jubiliere auch.
Das All und unsere Herzen sind offen für Deine Gnade.
Ich fühle meinen Körper und danke.
Die Sonne brennt meine Haut, ich danke.
Das Meer rollt gegen den Strand,
die Gischt klatscht gegen unser Haus, ich danke.

Herr,
ich freue mich an der Schöpfung.
Und dass Du dahinter bist,
und daneben und davor und darüber,
und in uns.